5 Minuten Geschichten

Mein Körper ein Wunder

Sachgeschichten zum Entdecken und Staunen

EMF
Ein Buch der Edition Michael Fischer

Geschrieben von
Gabby Dawnay

Illustriert von
Mimi Purnell

In diesem Buch verstecken sich neun verschiedene Geschichten zum Vorlesen. Sie erzählen von den Wundern unseres Körpers ... die nur darauf warten, von dir entdeckt zu werden!

Am Ende jeder Geschichte gibt es spannende Informationen, die du zusammen mit den Vorlesenden erkunden kannst.

Welche Geschichte über den MENSCHLICHEN KÖRPER möchtest du heute hören?

Du fängst winzig klein an, doch dann wächst du heran, wirst zu dem Menschen, der du bist – sieh DICH an!

Deine magischen Muskeln, von bretthart bis ganz weich,
halten dich in Bewegung, und zwar in jedem Bereich!

Deine Knochen, die sorgen für den aufrechten Stand,
dein Skelett ist ein Puzzle und hält stabil wie ne' Wand.

Eine elastische Hülle hält alles in Form,
die Haut ist zwar hauchdünn, aber trotzdem enorm,

das Herz ist ein Muskel, der fest zu dir steht,
es schlägt dir den Rhythmus von frühmorgens bis spät.

Kleine Bläschen machen deine Lunge aus,
sie blasen sich auf und lassen die Luft dann heraus.

Jede Gabel mit Nahrung,
jedes einzelne Stück,
kehrt nach der Reise durch deinen Körper
nach draußen zurück.

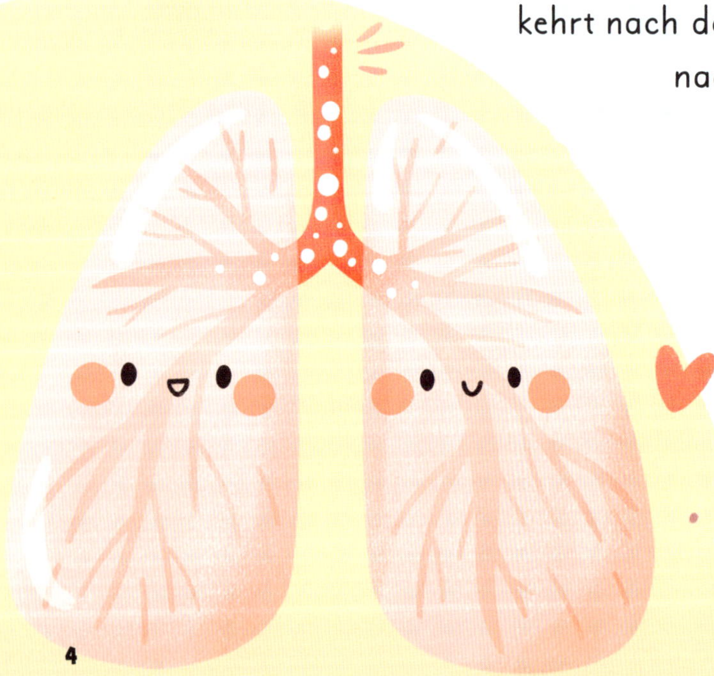

Aber wer ist der Chef,
den es unbedingt braucht?
Dein Gehirn, das dir hilft
und manchmal auch raucht.

Mit deinen fünf Sinnen kannst
du fühlen und du nimmst wahr,
die Wunder der Welt
und den Körper als Star.

Wir alle haben einen Körper,
schau dir an, wie er wächst,

DAS WICHTIGE ERKLÄRT DIR DER FOLGENDE TEXT.

Wie alles ANFÄNGT

200 Millionen
unsichtbare Fäden –
sausen pfeilschnell herum,
stoßen zusammen ...

kreiseln und jagen ihrem
Schwanz nach. Aber gewinnen
kann nur einer.

Sie werden immer schneller und kennen ihren Weg.
(Einige sind allerdings zu langsam oder verirren sich …)

Sie schwimmen in Scharen
durch Tunnel, steuern auf ein Ziel hin …

Und jetzt geht es um die Ecke, um eine beeindruckende Eizelle zu erkunden. Ihre Mission – zu gewinnen!

Die Spermien umrunden die Eizelle und versuchen
durch ihre Hülle zu dringen.

Wenn eine Samenzelle (Spermium) das geschafft hat, muss sie noch den Kern erreichen, dann ist die Eizelle befruchtet.

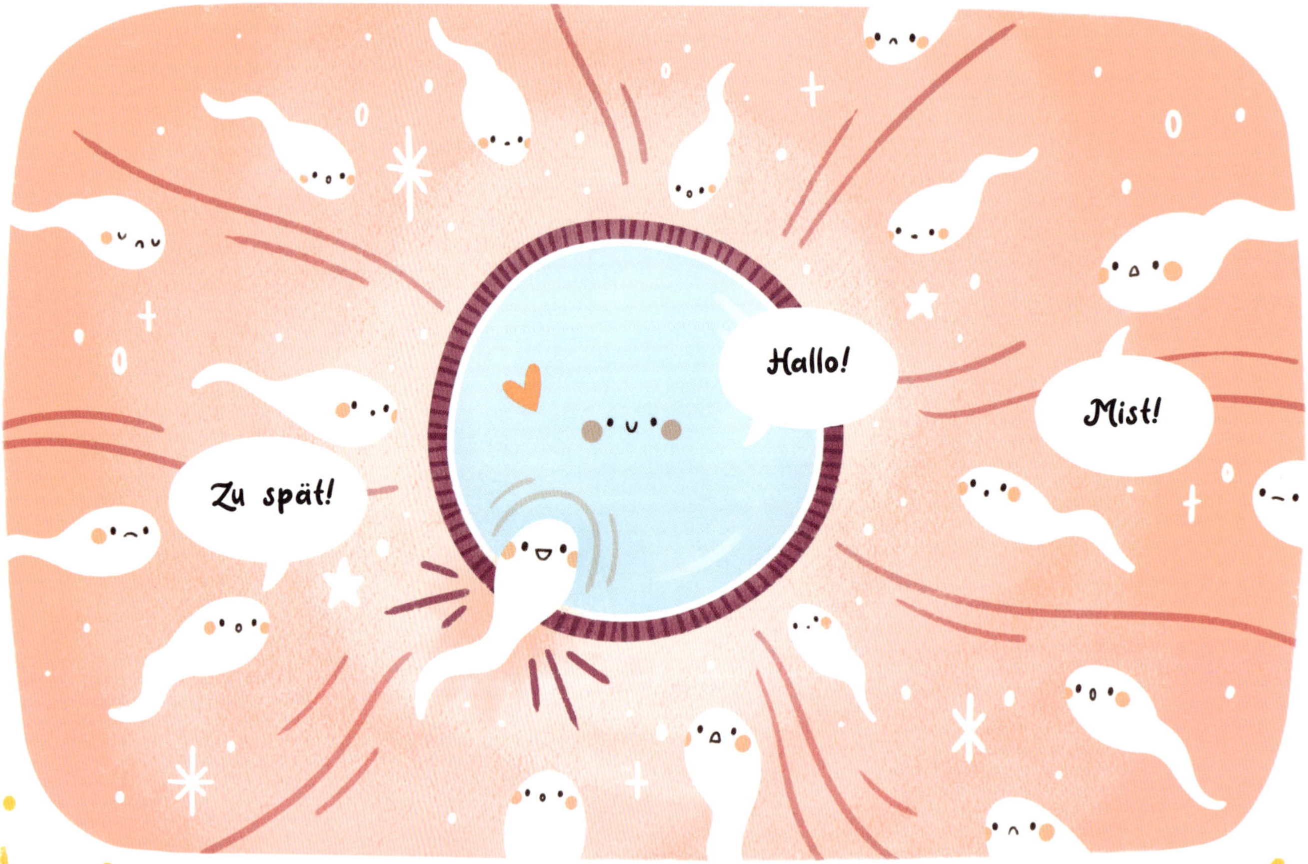

Die schnellste und stärkste Samenzelle hat gewonnen. Sie ist der Champion!

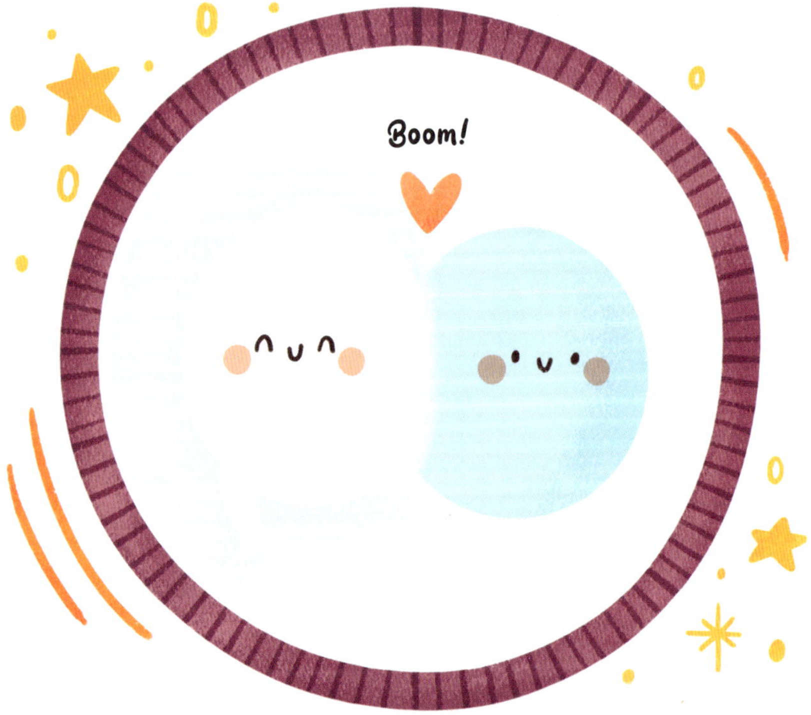

Die Samenzelle und die Eizelle verbinden sich zu einer neuen DNA. Ihre Chromosomensätze verschmelzen.

Der magische Moment:
Die befruchtete Zelle
teilt sich, erst einmal,
dann immer wieder.

Sie sucht einen Ort,
wo sie es warm und
gemütlich hat und sich
gut entwickeln kann …
Deshalb macht sie sich
auf den Weg in Richtung Gebärmutter …

Als Nächstes entwickelt sich
eine mit Flüssigkeit gefüllte
Fruchtblase und eine Plazenta,
um den Embryo zu ernähren!

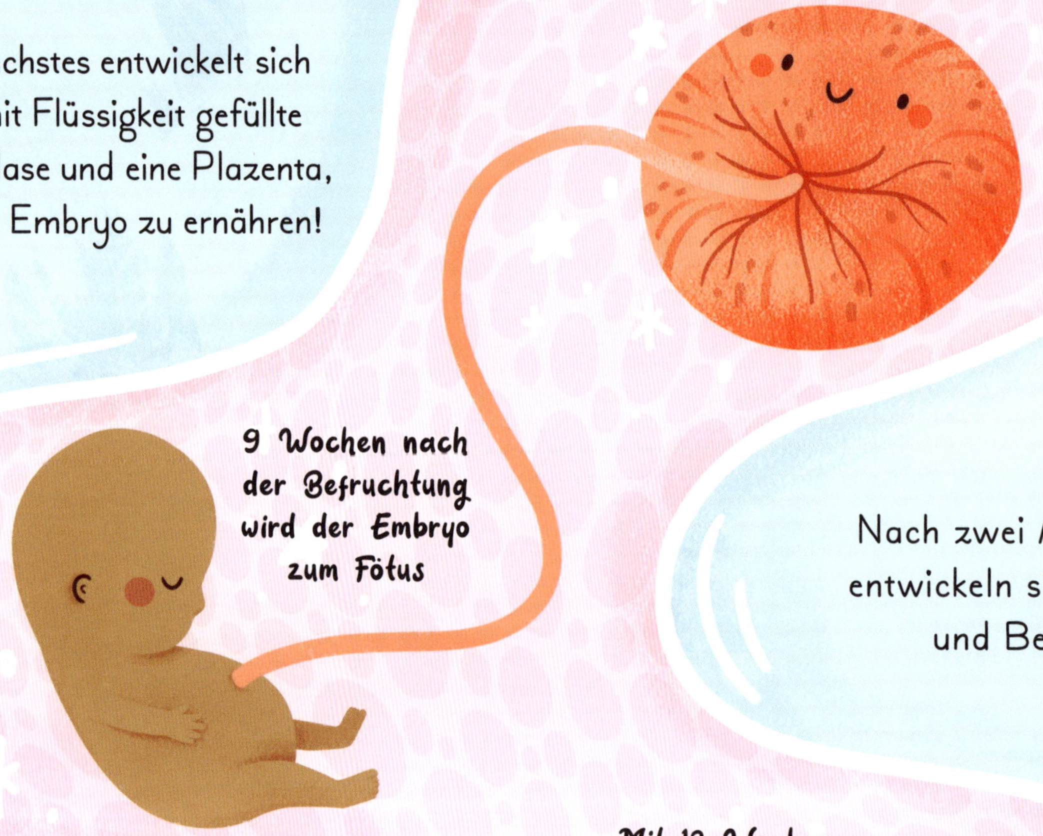

Nach zwei Monaten
entwickeln sich Arme
und Beine.

Der Fötus ist zwar noch
winzig, aber sein Herz
schlägt schon.

Der Fötus entwickelt
ein Gehirn und eine
Wirbelsäule und schwimmt
im Fruchtwasser.

Dann bekommt der Fötus zwei Augen, eine Nase und winzige Finger- und Fußnägel.

In seinem Bauch wachsen eine Leber, eine Milz, zwei Nieren und die anderen Organe.

Mit fünf Monaten liegt das Baby gemütlich im Fruchtwasser und lutscht Daumen.

Durch die Muskeln kann das Baby schon kleine Fäuste machen, mit den Füßen treten und die Zunge herausstrecken. Als Letztes entwickelt sich die Lunge.

Dann ist das Baby voll entwickelt und langsam wird es eng in der Fruchtblase.

Und was passiert jetzt?
Das Baby will raus!

Die Zeit ist schnell vergangen und nach neun Monaten lernen sich Mutter und Kind endlich richtig kennen.

Alles über die ENTSTEHUNG DES LEBENS

Es fängt mit einem Wettrennen an …

Die SPERMIEN sind männlich und haben einen Auftrag. Ihr Ziel ist die weibliche EIZELLE, auch OVUM genannt.

Einige Spermien schwimmen in die falsche Richtung oder prallen gegen die Wände des engen Eileiters.

Das schnellste Spermium durchdringt die Hülle der Eizelle. Das nennt man BEFRUCHTUNG.

In diesem Stadium nennt man die befruchtete Eizelle ZYGOTE. Die Zygote teilt sich in immer mehr Zellen, bis sie sich in den warmen und gemütlichen UTERUS bewegt.

Dort wächst der EMBRYO heran.

Nach 9 Wochen wird der EMBRYO zum FÖTUS.

Nach 40 Wochen ist der FÖTUS dann ein BABY!

Das Baby wird geboren, aber das ist erst der Anfang. Unsere Reise beginnt mit dem Herzschlag...

Das HERZ und der BLUTKREISLAUF

Das Herz ist ein Muskel, der ständig schlägt. Damit hält es uns am Leben.

Was auch immer du machst, wo auch immer du hingehst, dein Herz schlägt und pumpt das Blut durch deinen Körper.

Dieser kräftige Muskel hat seinen Platz unter deinen Rippen in der linken Brusthälfte.

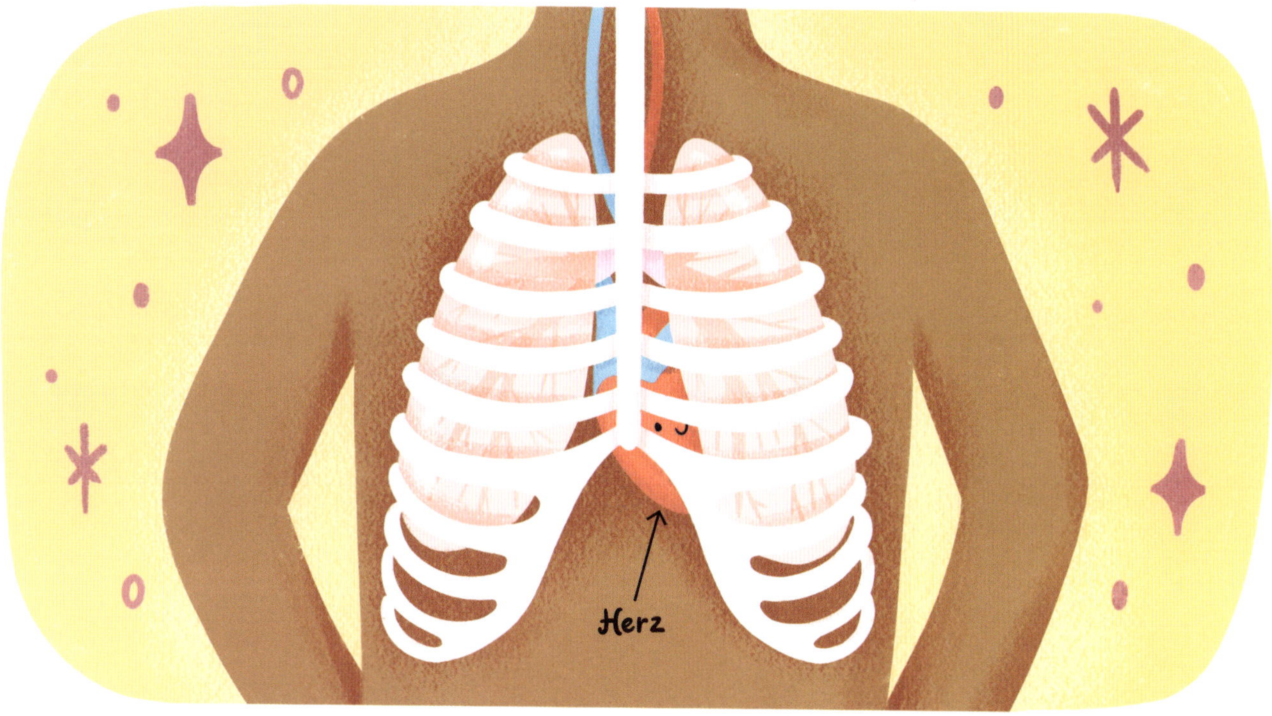

Diese Muskelpumpe schickt Blut in alle Teile deines Körpers und versorgt sie mit Sauerstoff.

Das Herz zieht sich zusammen und wieder auseinander und verteilt damit sauerstoffreiches Blut in alle Körperzellen.

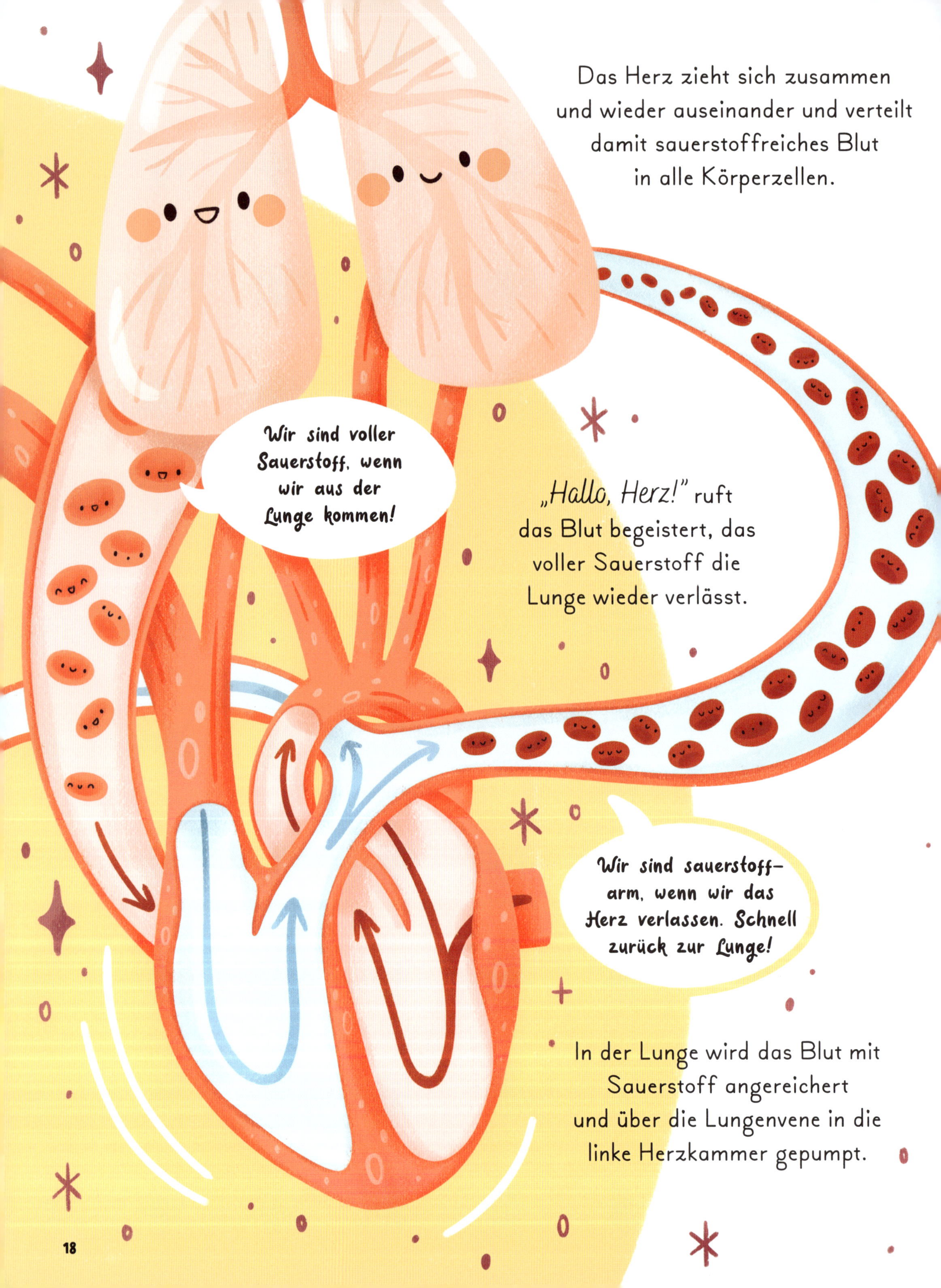

„Hallo, Herz!“ ruft das Blut begeistert, das voller Sauerstoff die Lunge wieder verlässt.

In der Lunge wird das Blut mit Sauerstoff angereichert und über die Lungenvene in die linke Herzkammer gepumpt.

Das Herz freut sich und heißt das Blut willkommen, der Kreis schließt sich.

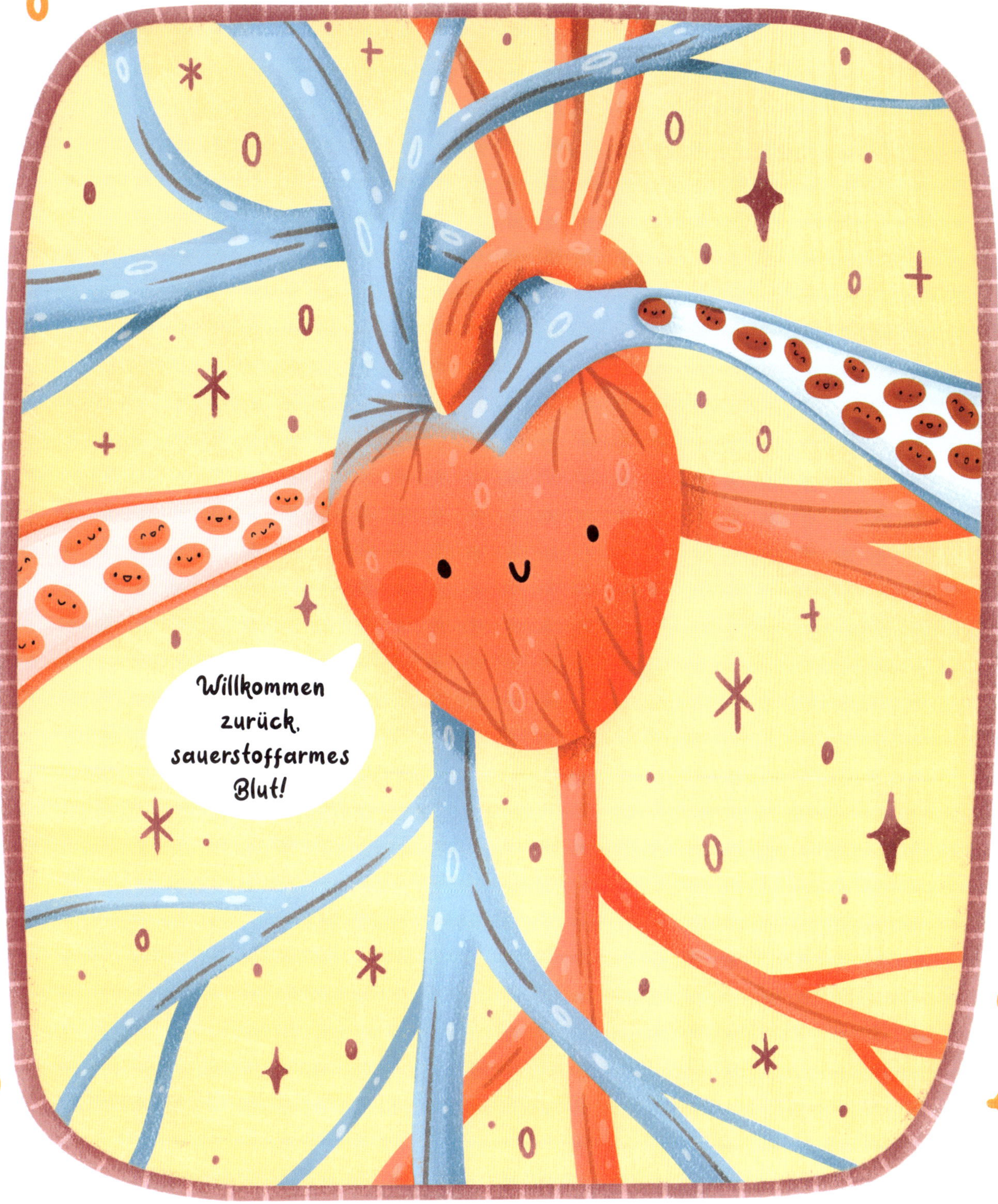

„Da bist du ja wieder! Ich pumpe dich jetzt weiter", sagt das Herz. *„Nicht so schnell"*, antwortet das Blut und strömt los.

„Liebes Blut“, sagt das Herz,
„wir zwei, wir funktionieren
nur im Verbund,
allein durch mein Schlagen,
da geht's bei dir rund.“

Und das Blut antwortet:
„Ach, danke, liebes Herz, alles klar!
Durch deine Kraft läuft alles
ganz wunderbar!“

„Ich bin gleich zurück“, sagt das Blut
und ist schon verschwunden,
es dreht im Körper rasch
seine stetigen Runden.

Es geht die ganze Zeit rund!

Das Herz versorgt den Körper von Kopf bis Fuß mit frischem Blut.
Das nennt man Blutkreislauf.

Je schneller du rennst,
hüpfst oder springst,
desto schneller arbeitet
deine Muskelpumpe …

Legst du nach der
Anstrengung deine Hand
auf den Brustkorb,
kannst du deinen Herz-
schlag spüren.

„Hier bin ich, stets zu Diensten", sagt das Herz,
„ich schlage nur für dich."

Alles über das HERZ und das BLUT

Die beiden haben eine ganz besondere Beziehung.

Das HERZ ist ein kraftvoller MUSKEL in deinem Brustkorb, der das BLUT im BLUTKREISLAUF durch den KÖRPER pumpt.

VENEN transportieren sauerstoffarmes Blut aus dem Körper in die rechte Herzhälfte. Das Herz schickt es dann zur SAUERSTOFFAUFNAHME in die Lunge.

Jede Herzhälfte besteht aus einem VORHOF und einer HERZKAMMER.

Das Herz hat eine rechte und eine linke Hälfte, die durch eine Muskelwand voneinander getrennt sind.

Nach dem Besuch in der Lunge kehrt das sauerstoffreiche Blut ins Herz zurück, das es durch die ARTERIEN genannten Röhren in den Körper pumpt.

Der Weg des Blutes durch den Körper nennt man BLUTKREISLAUF.

Das Blut hält uns in Bewegung,
schauen wir mal, welchen
Weg es nimmt…

Die **LUNGE** und der Atem

Zum Leben brauchen wir ein unsichtbares Gas, das wir einatmen: die LUFT.

Luft ist überall!

„Ich bin die Luft", sagt die Luft, *„der in mir enthaltene Sauerstoff ist sehr wichtig – du brauchst mich zum Leben!"*

Luft ist unsichtbar!

Hi, ich bin ein Luftpartikel

Die Lunge in deiner Brust hat einen schweren Job und macht NIE Pause.

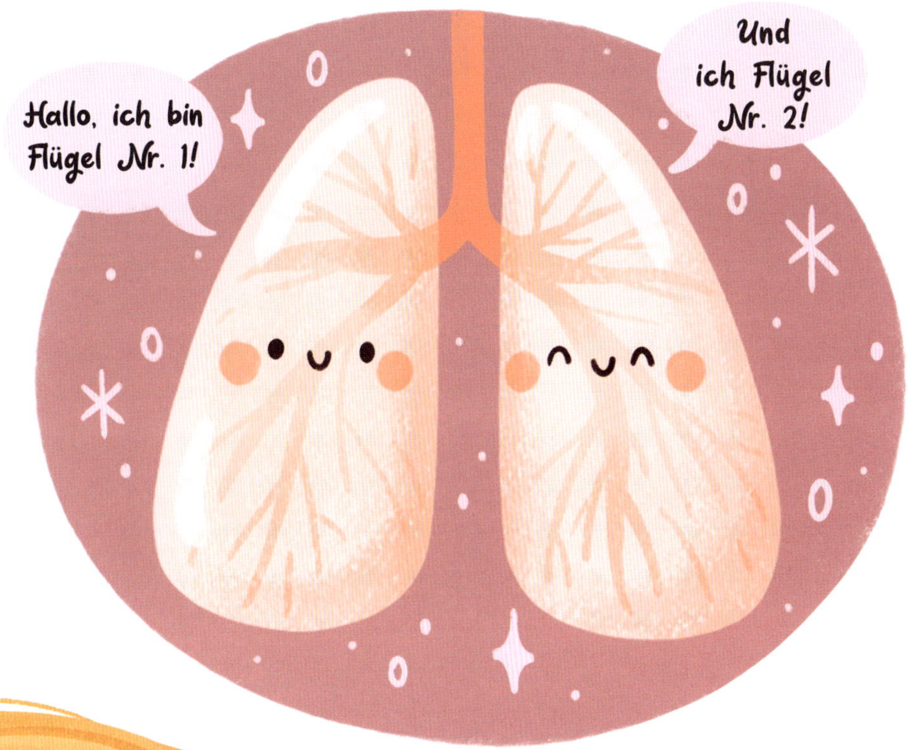

„Ich bin die Lunge und habe zwei Flügel. Am liebsten mag ich frische Luft!"

Wenn du einatmest, bleibt der Dreck aus der Luft an winzigen Härchen in deiner Nase hängen.

Dann fließt die Luft weiter durch die LUFTRÖHRE in die BRONCHIEN.

Die Lunge freut sich über die Luft aus der Luftröhre.

Die Lungenflügel sehen wie zwei Schwämme aus und die BRONCHIOLEN wie kleine Äste. Durch sie fließt die Luft.

Jede dieser kleinen Äste endet in winzigen Bläschen.

Von dort gelangt eingeatmeter Sauerstoff ins Blut, während Kohlenstoffdioxid aus dem Blut aufgenommen wird ...

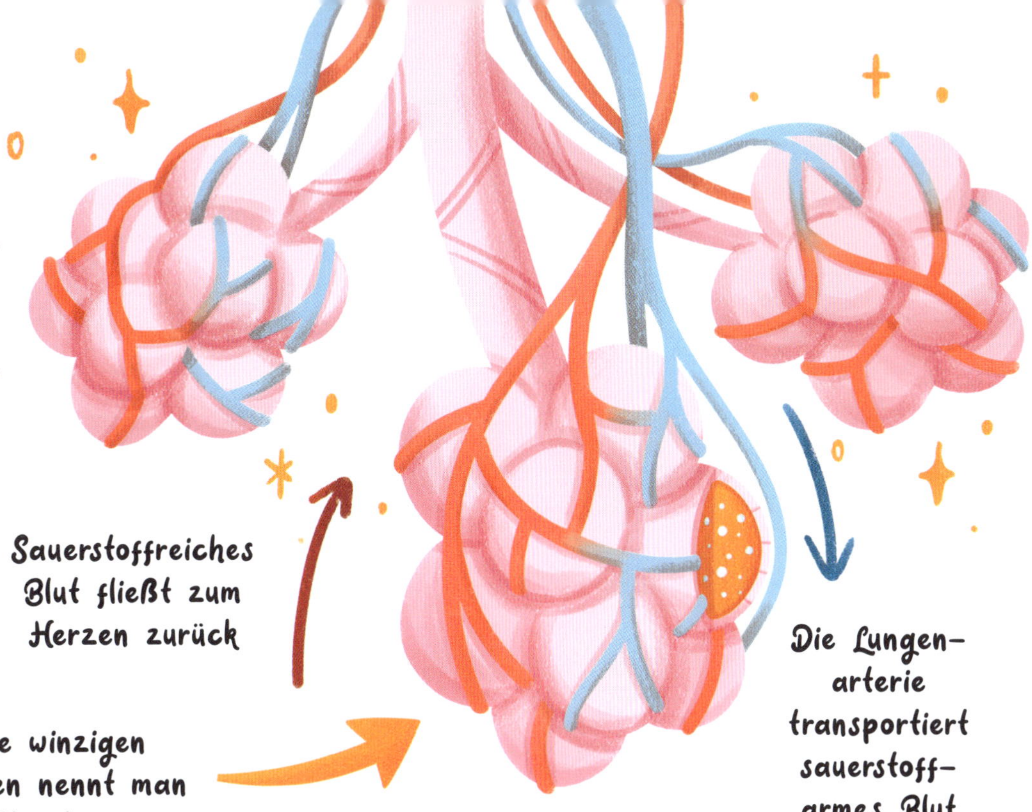

„Hallo Sauerstoff, schön, dass du da bist! Liebes CO_2, wir müssen uns leider von dir verabschieden..."

Das CO_2 fragt traurig:
„Warum muss ich gehen? Bin ich denn so schlimm?“

Die Lunge antwortet: *„Bei mir hast du nichts zu suchen, aber die Pflanzen um uns herum lieben dich!“*

Das CO_2 fördert
das Wachstum und macht
die Welt grün.

Wie können sich die Lungenflügel ständig bewegen? Hier kommt das Zwerchfell ins Spiel ...

„*Hallo*", sagt das Zwerchfell, „*ich bin ein Muskel. Ich spanne mich an und entspanne mich wieder und helfe der Lunge bei der Arbeit ...*".

Die Lungenflügel liegen gut geschützt hinter deinen Rippen, sie sind immer für dich da.

Du brauchst sie zum Überleben, vom ersten bis zum letzten Atemzug versorgen sie deinen Körper mit Luft und Sauerstoff.

Huhu, ich bin Kohlenstoffdioxid, du kannst mich CO_2 nennen!
Ich bin das Gas, das du ausatmest – Pflanzen lieben mich!
Wenn ich mich anspanne, dann füllt sich die Lunge mit Luft. Wenn ich mich ent-spanne, dann gibt sie die Luft wieder ab.

Alles über die LUNGE und den ATEM

Die Lunge ist ein wichtiges Organ, das wir zur Atmung brauchen.

Wenn du EINATMEST, fließt Luft durch die Nase, kleine Härchen in den NASENHÖHLEN filtern den Dreck heraus.

Die Luft reist weiter durch die LUFTRÖHRE und die BRONCHIEN in die Lunge.

Die kleinen Äste in den Bronchien nennt man BRONCHIOLEN, die in mikroskopisch kleinen Bläschen enden, den ALVEOLEN.

ALVEOLEN entnehmen den SAUERSTOFF aus der Luft, die bei ihnen ankommt.

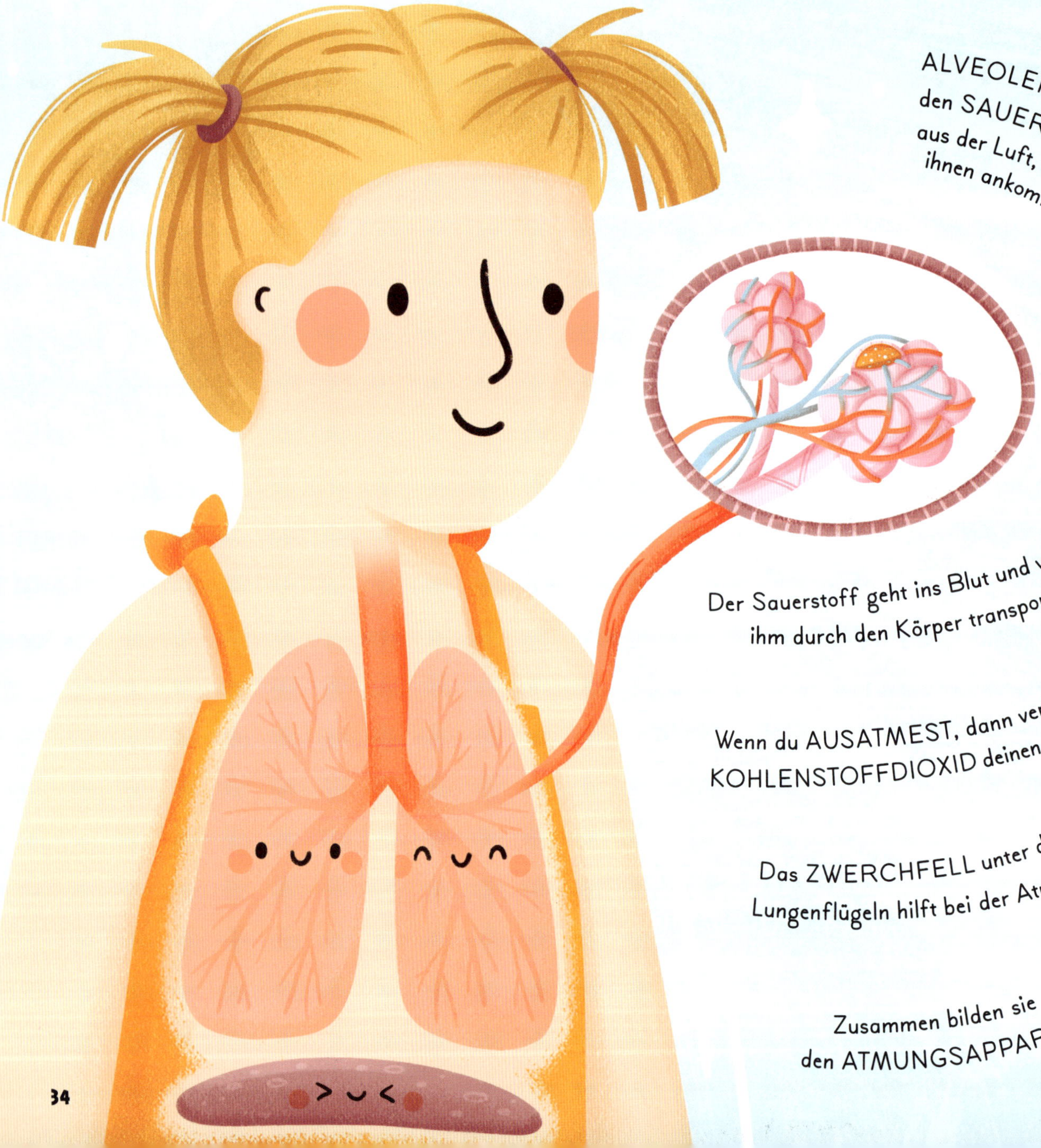

Der Sauerstoff geht ins Blut und wird mit ihm durch den Körper transportiert.

Wenn du AUSATMEST, dann verlässt KOHLENSTOFFDIOXID deinen Körper.

Das ZWERCHFELL unter den Lungenflügeln hilft bei der Atmung.

Zusammen bilden sie den ATMUNGSAPPARAT.

Was auch immer du gerade tust, tief durchatmen nicht vergessen!

Und jetzt geht's weiter, bist du dabei?

Dein GEHIRN!

Das Organ, das du zum Denken brauchst, ist dein Gehirn.

Das Gehirn ist die Steuerungszentrale deines Körpers, es ist dein Smartphone im Kopf.

Das Gehirn ist kein Muskel, ist aber trotzdem auch für die Bewegung zuständig.

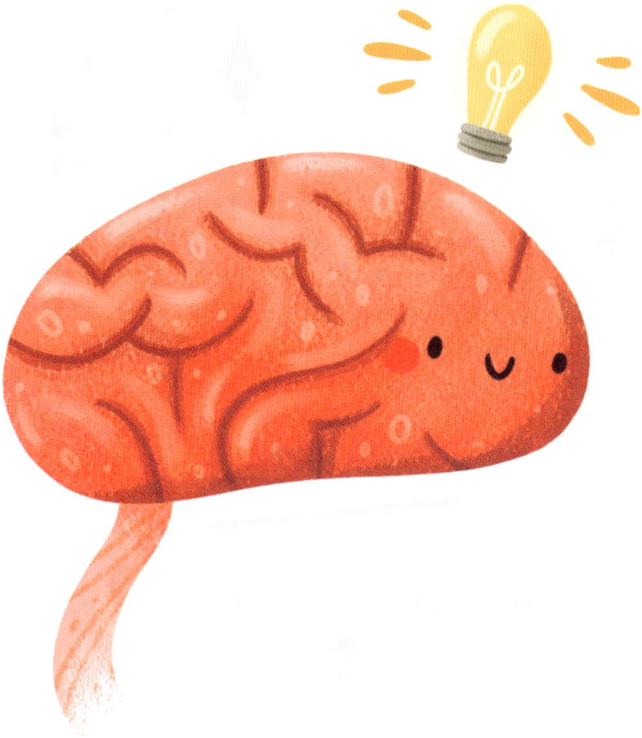

„Das stimmt",
sagt das Gehirn,
„ich bin unglaublich klug, ohne mich bleibt es dunkel in der Birne."

Das Gehirn steuert alle Funktionen in deinem Körper. Das schauen wir uns jetzt näher an.

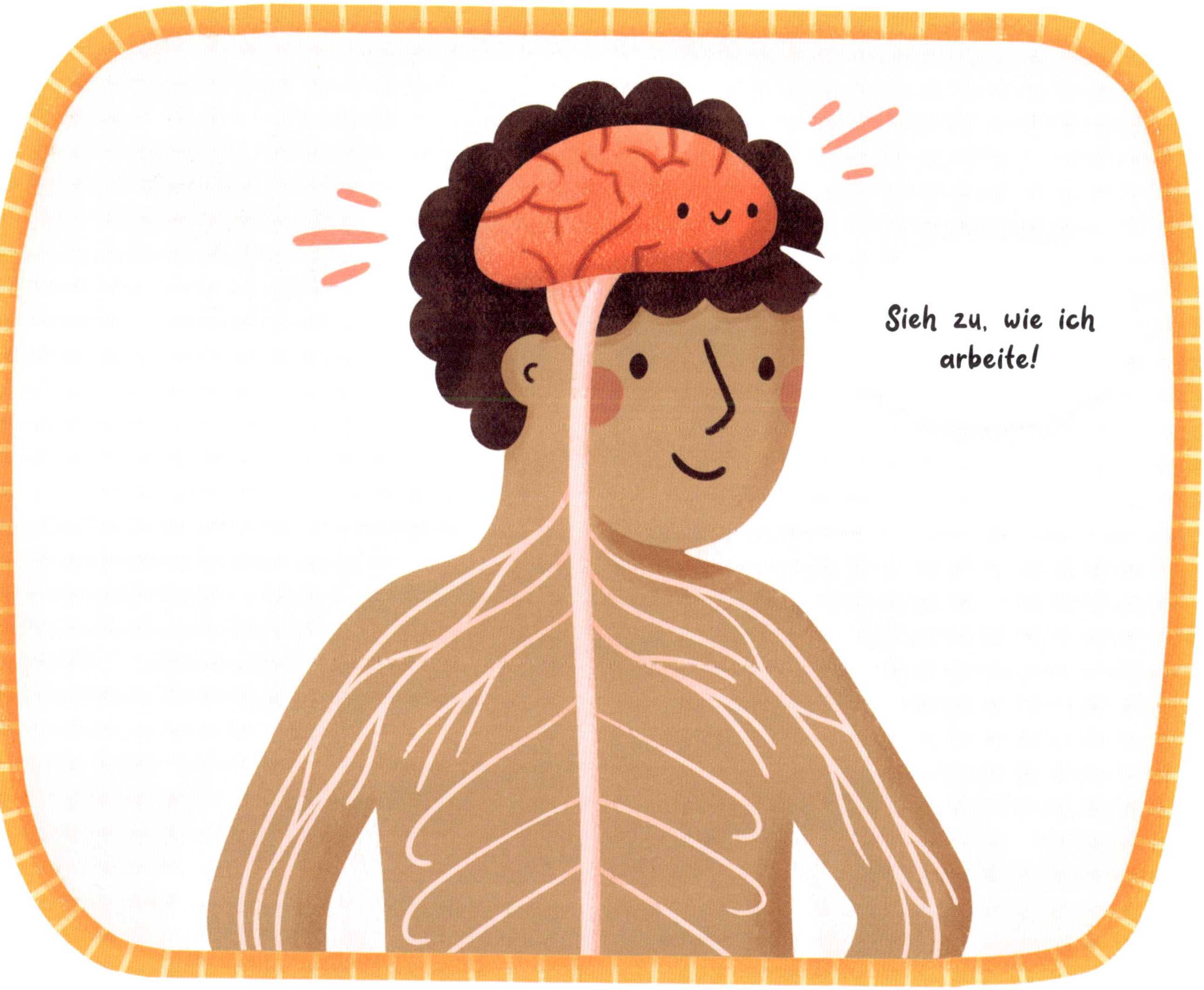

Das Gehirn ist ziemlich kompliziert aufgebaut.
Es funktioniert perfekt, wie von Zauberhand.

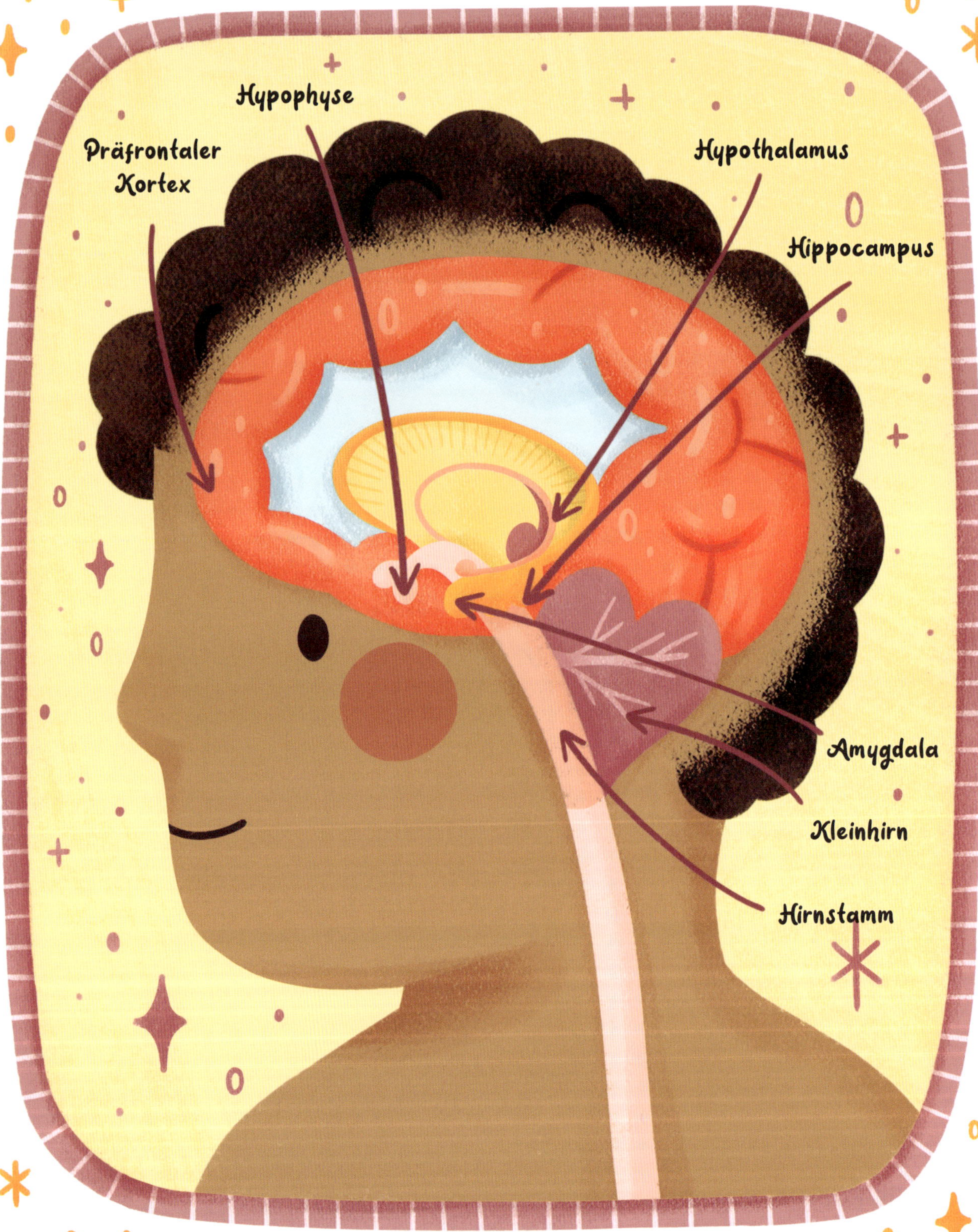

Dort, wo die Synapsen feuern und die Neuronen
Informationen übertragen, da arbeitet dein Gehirn.

Dein Gehirn steuert alle Teile deines Körpers, auch deinen Herzschlag.

Und wer sagt deinen Beinen wohl, dass sie gehen, deiner Lunge, dass sie atmen und deinem Mund, dass er sprechen soll …?

Auch bei Gefühlen wie Angst
oder wenn etwas schiefgeht,
kommt das Gehirn ins Spiel.

„Ich löse jede Aufgabe und jedes Problem. Du kannst mich alles fragen."

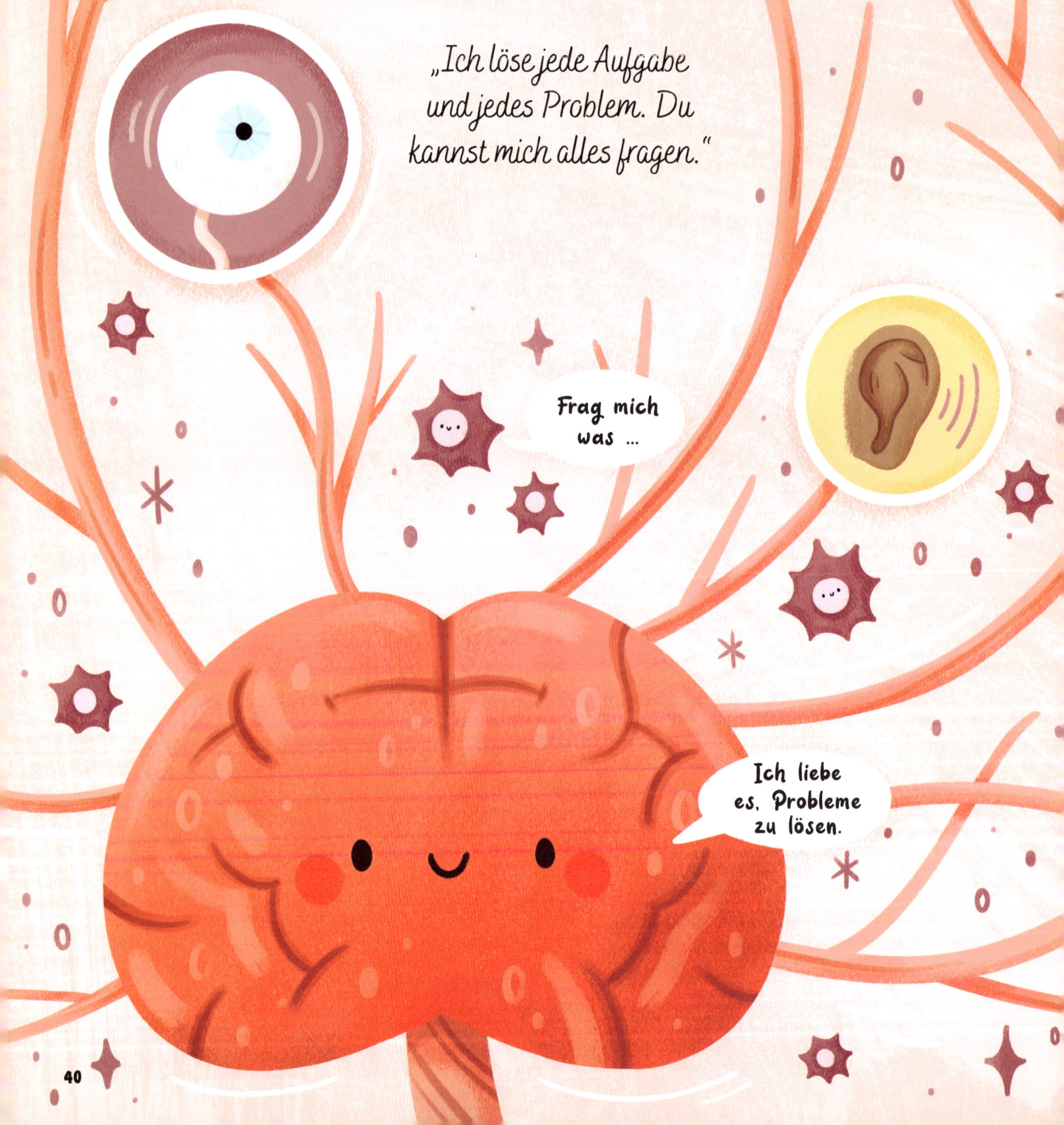

„Ach, übrigens", fragt das Gehirn, „wisst ihr eigentlich, dass ich schon klug bin, aber mit jedem gelösten Problem noch klüger werde?"

„Je mehr du lernst, desto besser werde ich. Deshalb mag ich Probleme, immer her damit!"

Zähneputz-
zeit!

Es ist gut, die Dinge im
Griff zu haben.
Deshalb: Gehirn einschalten!

Und wenn du eine IDEE
brauchst – auch darin ist
dein Gehirn ein Experte.

Und je mehr du es
benutzt, desto besser wird
es, toll, oder?

Wie ein Zauberer zeigt
dir das Gehirn, was du so
draufhast.

Alles über das GEHIRN

Dein Gehirn hat Superkräfte.

Das Gehirn sieht ziemlich merkwürdig aus, es sendet ELEKTRISCHE und CHEMISCHE SIGNALE durch deinen Körper.

Der HIRNSTAMM steuert lebenserhaltende Funktionen, wie den Herzschlag oder die Atmung.

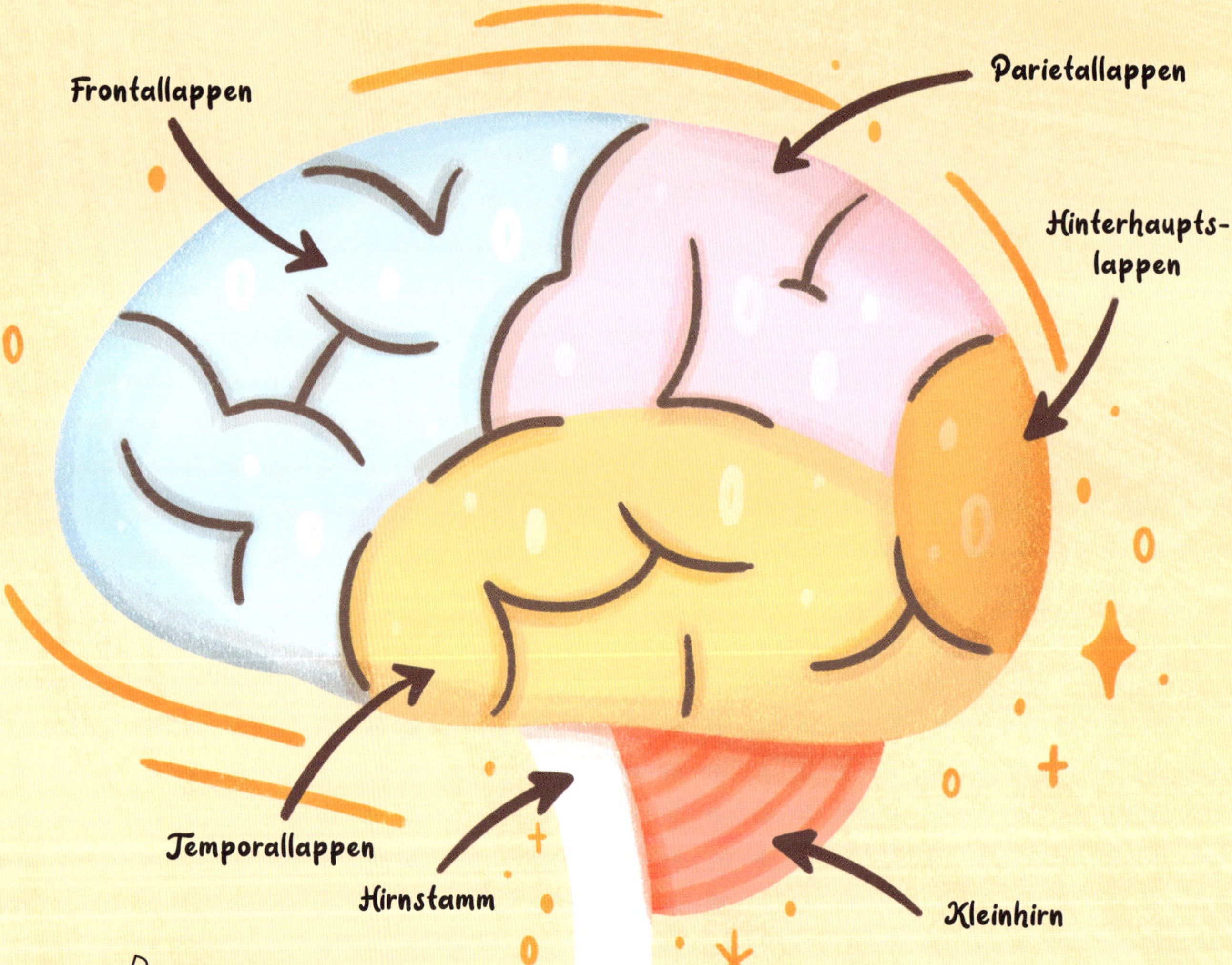

Das GEHIRN hat aber noch eine Menge anderer Aufgaben …

Es speichert Informationen und Erinnerungen, es ist kreativ und neugierig, spielt gerne, mag Wissenschaft und kann mathematisch denken.

Je mehr du NACHDENKST, je mehr Probleme du löst oder je mehr du LERNST, desto mehr verändert sich dein Gehirn. Es ist zwar kein Muskel, aber man kann es trainieren.

NACHDENKEN

ist anstrengend, dein Gehirn braucht eine Pause. Und jetzt? Wie geht's weiter?

Die **HAUT** hüllt dich ein

Die Haut ist ein weiches und elastisches Organ, das den ganzen Körper bedeckt.

„Hallo, ich bin deine Haut. Ich bin zwar dünn, aber ich umhülle dich und halte dich zusammen!"

Huhu, wir sind Hautzellen!

Hautzellen bestehen aus Keratin. Sie bilden die Hülle, die die Außenseite des Körpers bedeckt, unser ganzes Leben lang.

Diese Hautzellen sind ziemlich clever, sie lösen sich ab und bilden sich neu. Und sie wachsen mit DIR mit!

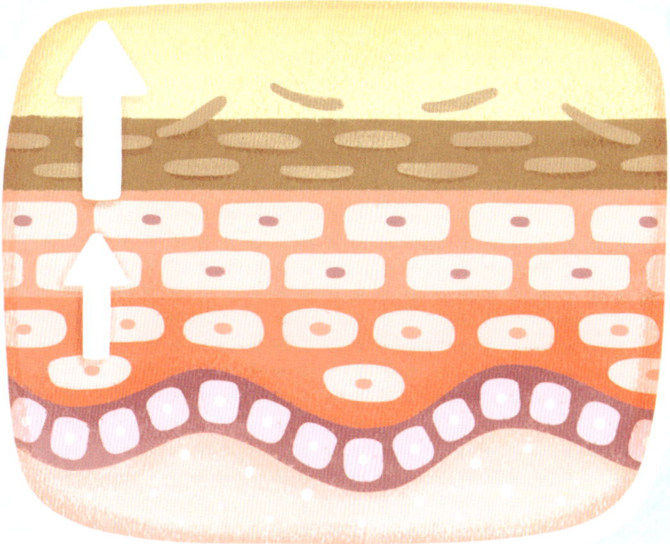

„Ich bin dehnbar, wasserdicht und Bakterien abweisend. Ich bin immer bei dir."

Die Außenseite deines Körpers ist von den Fußnägeln bis zu den Haarwurzeln mit Haut bedeckt, mal glatt, mal runzlig und mal mit Sommersprossen oder Pickeln bedeckt.

Die Haut ist eine Barriere, die gegen Infektionen und Verletzungen schützt.

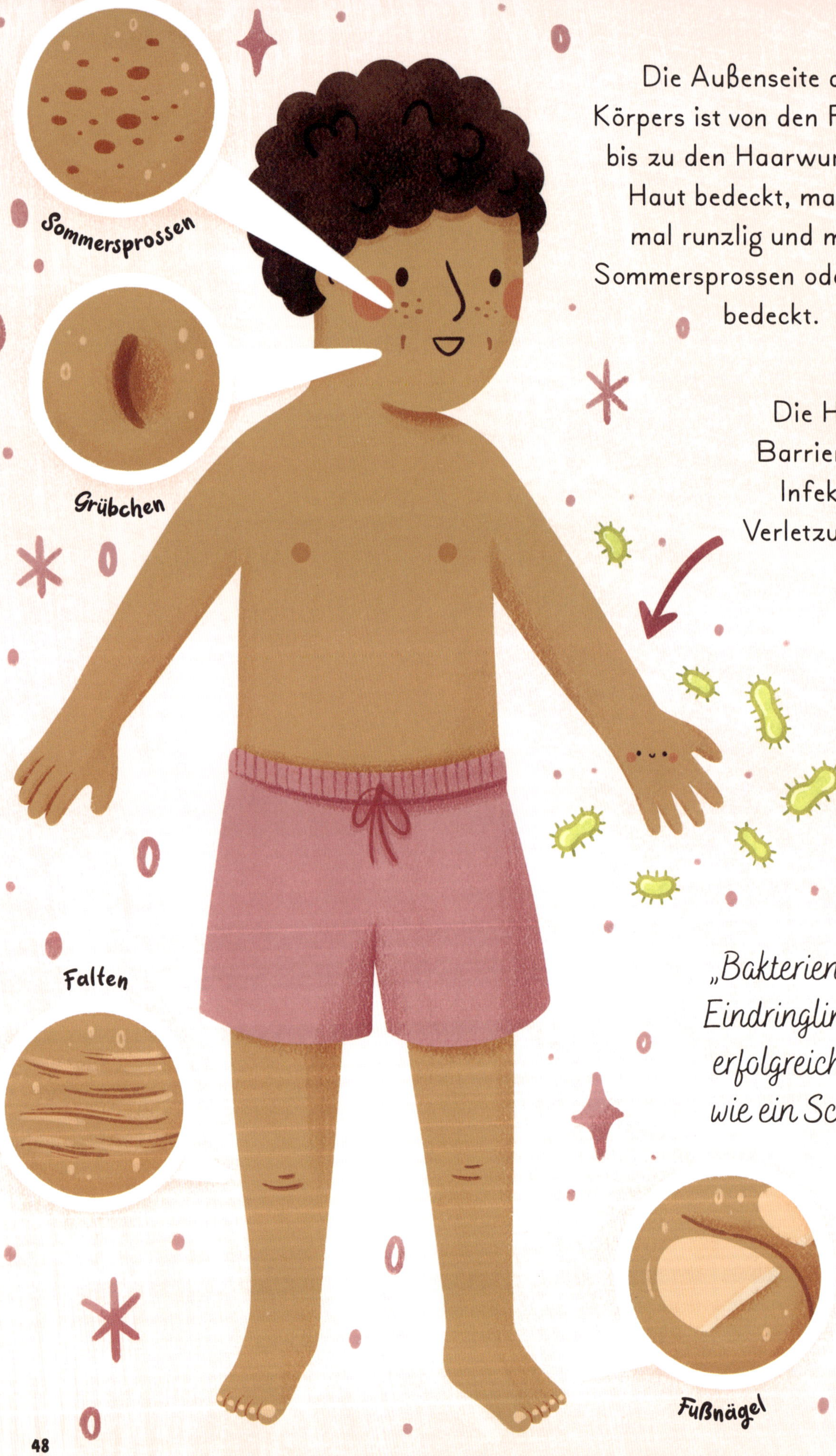

„Bakterien und andere Eindringlinge wehre ich erfolgreich ab. Ich bin wie ein Schutzschild!"

Schau dir die feinen Härchen auf deiner Haut einmal genauer an. Sie sind wie ein Mini-Wald, der auf jedem von uns wächst.

„Hallo", sagt das Haar, „ich bin überall, von Kopf bis Fuß und sogar in der Nase und den Ohren!"

„Ich helfe dir, dich warm zu halten. Mit meiner Freundin, der Haut, schützen wir dich vor Verletzungen!"

„Hi, und wir sind auch noch da", sagen die Nägel, „wir sind zäh, bestehen aber aus dem gleichen Material wie das Haar, seltsam, oder?"

Die oberste Hautschicht ist dünn wie Papier, darunter liegt die widerstandsfähige Lederhaut.

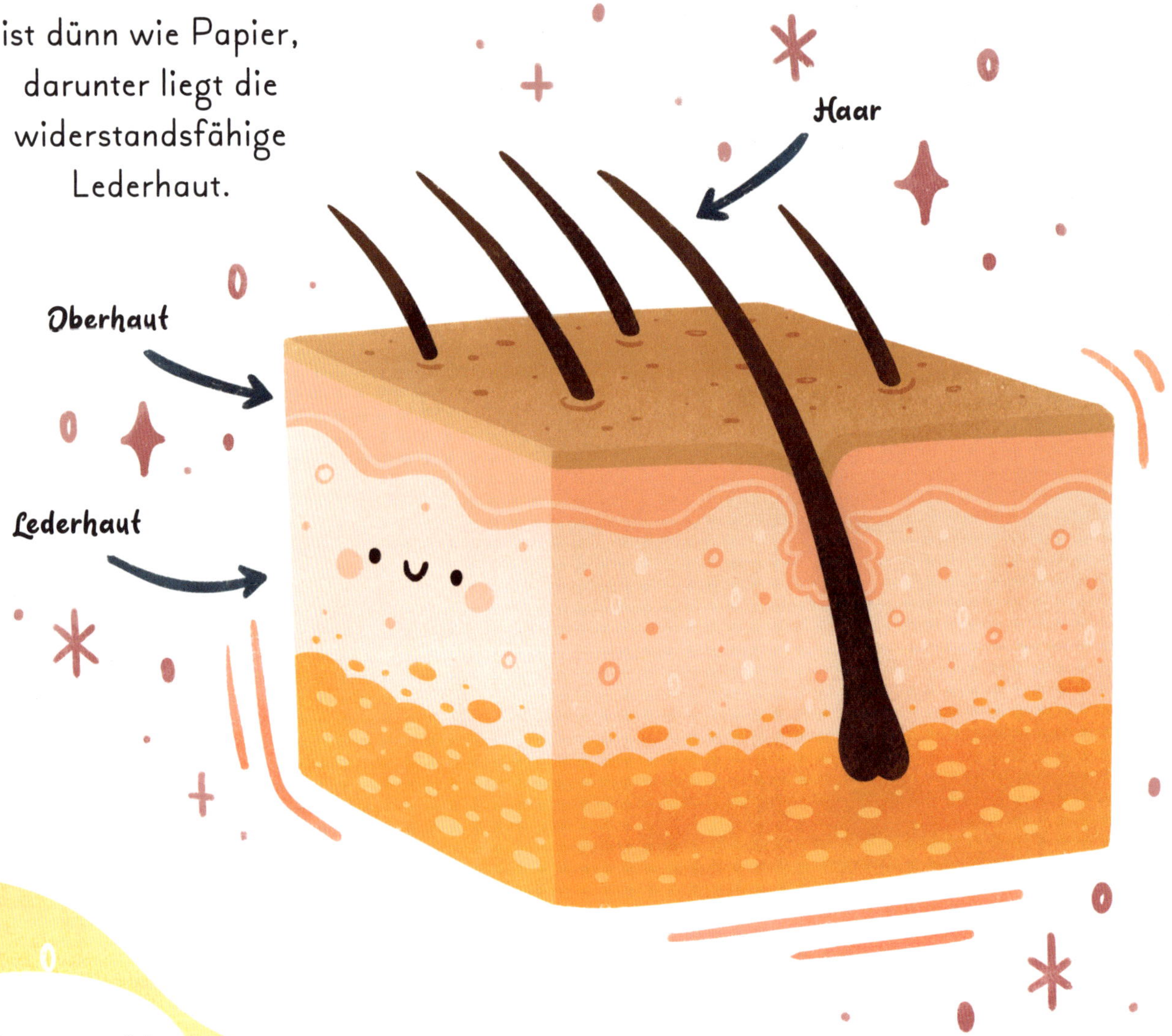

Dort liegen die Nerven, mit denen wir fühlen, und die Blutgefäße mit Superkräften.

„Ich bin gepolstert, flexibel und elastisch, mit mir kannst du fühlen und ich kann von selbst heilen. Cool, was?"

„Durch Millionen von Schweißdrüsen in meinem Inneren bleibst du immer schön kühl", sagt die Lederhaut, „ich habe einiges drauf."

Ob Oberhaut, ob Lederhaut,
ob dünner oder dicker,
egal in welcher Farbe,
die Haut ist ein Superstar.

Sie hält zusammen
und gibt dir Form,
was auch immer du tust.

Deiner Haut gefällt es, wenn du viel Wasser trinkst und ausreichend schläfst. Schönheit kommt von innen!

Alles über die HAUT

Die Haut ist das größte Organ des Körpers. Sie kann sich sogar selbst reparieren.

Die Haut hat viele verschiedene Aufgaben ... sie ist weich und elastisch und umhüllt den Körper, sie ist wasserdicht und hält Bakterien fern.

Die oberste Hautschicht heißt Epidermis. Sie besteht aus abgestorbenen Zellen und erneuert sich ständig, wie eine Mauer, die man immer weiter baut.

Sie ist mit Abermillionen von Mikroorganismen und feinsten Härchen bedeckt, die uns warmhalten.

Die Schicht darunter heißt Dermis. Sie ist dicker und in ihr liegen:

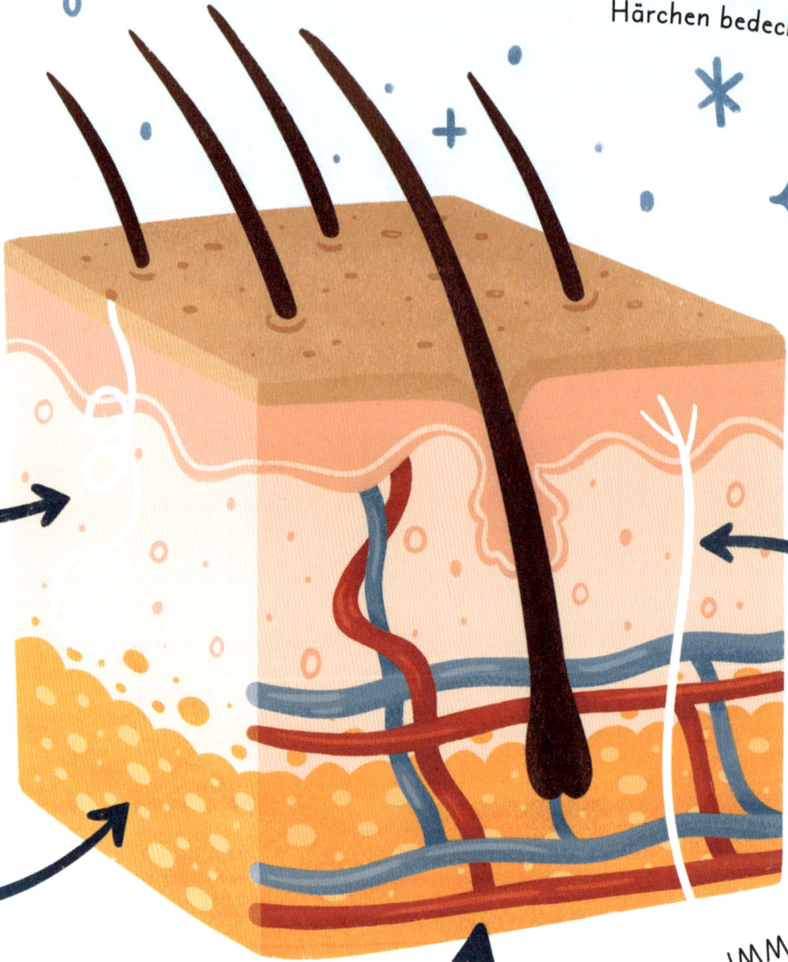

SCHWEISSDRÜSEN, die dich kühlen

NERVEN, damit wir fühlen können

17 km BLUTGEFÄSSE

Kollagen und Elastin, um die Haut elastisch zu halten

IMMUNZELLEN zur Abwehr von Infektionen

Die Haut enthält Keratin, genau wie die Haare und die Finger- und Fußnägel. Und so, wie sich die Haut ständig erneuert, werden auch die Haare und Nägel nie aufhören zu wachsen.

Das Leben ist eine wunderbare Reise und die Haut der beste Begleiter!

Wunderbare MUSKELN

Muskeln können angespannt
und entspannt sein.
Du brauchst sie,
um dich zu bewegen.

Stützen und d-e-h-n-e-n –
Manche Muskeln sind groß
und kräftig, manche klein
und unscheinbar.

Jeder einzelne Muskel
ist wunderbar und verdient
Beachtung.

Die Augenmuskeln haben am meisten zu tun, du brauchst sie zum Sehen, Blinzeln und Zwinkern.

Dein Gesäßmuskel ist der größte Muskel, aber die kleinsten Muskeln in deinem Körper sind in deinem Ohr.

„Hallo, ich habe so viel zu tun", sagt die Zunge, „ich kann schmecken, fühlen, ganz spitz werden und werde zum Sprechen gebraucht."

Wir brauchen 100 Muskeln, um sprechen zu können, wie viele werden es wohl beim Laufen sein?

Beim Bewegen arbeiten Muskeln oft paarweise zusammen, vor allem beim Laufen, Hüpfen und Sitzen.

„Zum Greifen und Heben“, sagen die Muskeln und nicken, „arbeiten wir im Team zusammen. Cool, was?“

„Wiegen, drehen und schütteln können wir natürlich auch“, sagen die wunderbaren Muskeln, „los geht’s, wir rocken ab!“

Die Muskeln zum Tanzen arbeiten nicht allein, sie werden von elastischen Sehnen unterstützt, die sie mit den Knochen verbinden.

Obwohl die anderen Muskeln auch viel zu tun haben, ist der Herzmuskel wahrscheinlich der fleißigste und wichtigste.

„Ich bin etwas ganz Besonderes, ich bin der Beste, denn ich höre nie auf zu schlagen", sagt das Herz.

Das Herz hat seinen ganz eigenen Rhythmus, mal schneller, mal langsamer, aber es schlägt immer.

Die Muskeln haben den ganzen Tag zu tun, selbst wenn du dich ausruhst.

Aber wenn du dich bewegst, kommen sie richtig in Schwung, sie beugen und strecken um die Wette.

Deine Muskeln sind etwas wirklich Wunderbares, ohne sie geht in deinem Körper gar nichts.

Alles über MUSKELN

Deine Muskeln sind wunderbar!

In deinem Körper gibt es mehr als 600 Muskeln, die man in drei unterschiedliche Arten unterteilt:

Der kleinste Muskel sitzt in deinem Ohr.

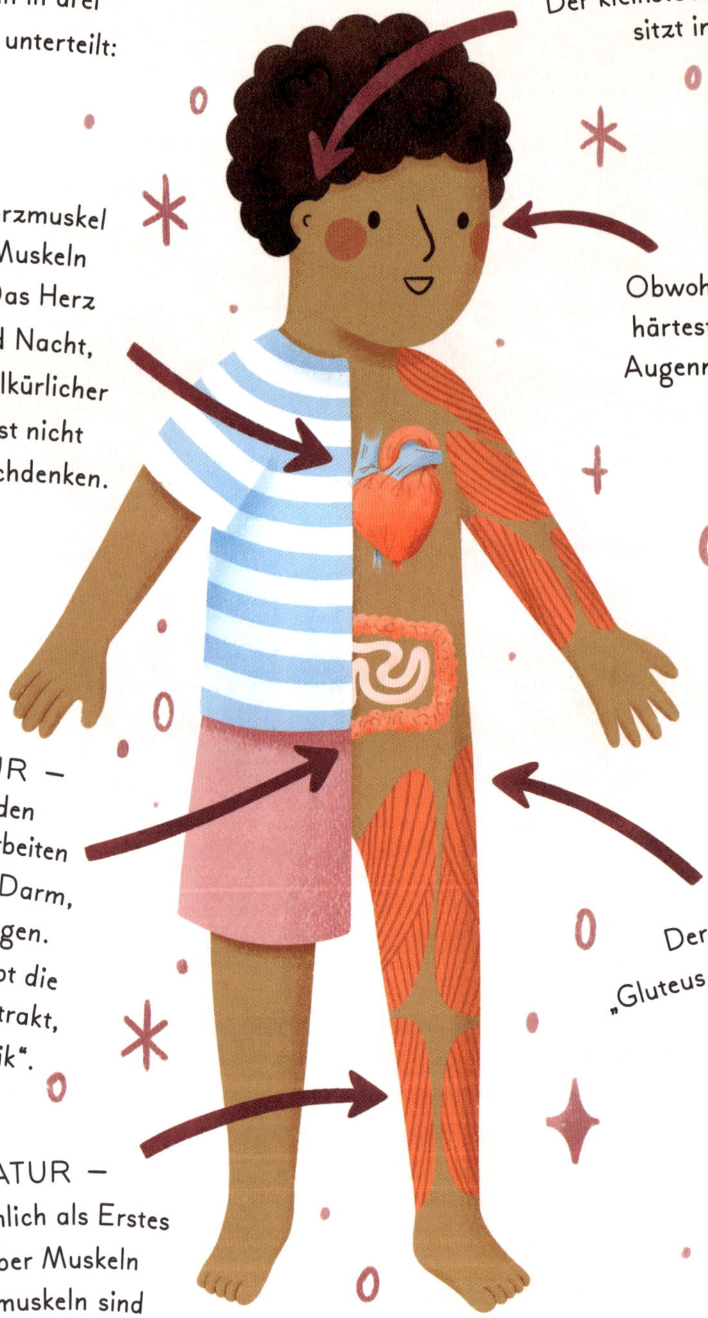

HERZMUSKEL – Dein Herzmuskel pumpt Blut in die anderen Muskeln und hält sie in Bewegung. Das Herz schlägt automatisch Tag und Nacht, ohne Pause. Es ist ein unwillkürlicher Muskel, das heißt, du musst nicht über deinen Herzschlag nachdenken.

Obwohl der Herzmuskel am härtesten arbeitet, sind die Augenmuskeln die eifrigsten.

GLATTE MUSKULATUR – Auch diese Muskeln werden unbewusst gesteuert, sie arbeiten im Verborgenen, in deinem Darm, im Magen und in den Augen. Die Darmmuskulatur schiebt die Nahrung durch den Darmtrakt, das nennt man „Peristaltik".

Der größte Muskel heißt „Gluteus maximus", das ist dein Po.

SKELETTMUSKULATUR – Sie kommen dir wahrscheinlich als Erstes in den Sinn, wenn du über Muskeln nachdenkst. Die Skelettmuskeln sind durch Bänder und Sehnen mit deinen Knochen verbunden, damit du dich bewegen kannst. Manche dieser Muskeln können wachsen, wenn du sie trainierst.

Zum Gehen brauchst du 200 Muskeln, zum Sprechen 100, verrückt, was?

Rennen und springen, tanzen und hüpfen – Bewegung tut gut!

VERDAUUNG – die fantastische Reise der NAHRUNG

Du brauchst Nahrung, um zu wachsen und zu überleben.

Jeder Bissen, den du kaust und runterschluckst, muss sich auf die Reise durch die Verdauungsorgane machen.

Wenn du Hunger hast, dann kannst du das hören, dein Magen produziert Saft, er gurgelt und knurrt.

„Ich bin manchmal vielleicht etwas direkt",
sagt der Magen, „aber ich habe Hunger!"

„Mach den Mund auf und rein damit!"

Die Verdauungsreise beginnt im Mund, die Zähne zerkleinern die Nahrung zu einem Brei.

„Lecker!“, sagt der Mund und mischt den Brei mit Spucke.

Dann schluckst du den Brei herunter und die Reise geht weiter.

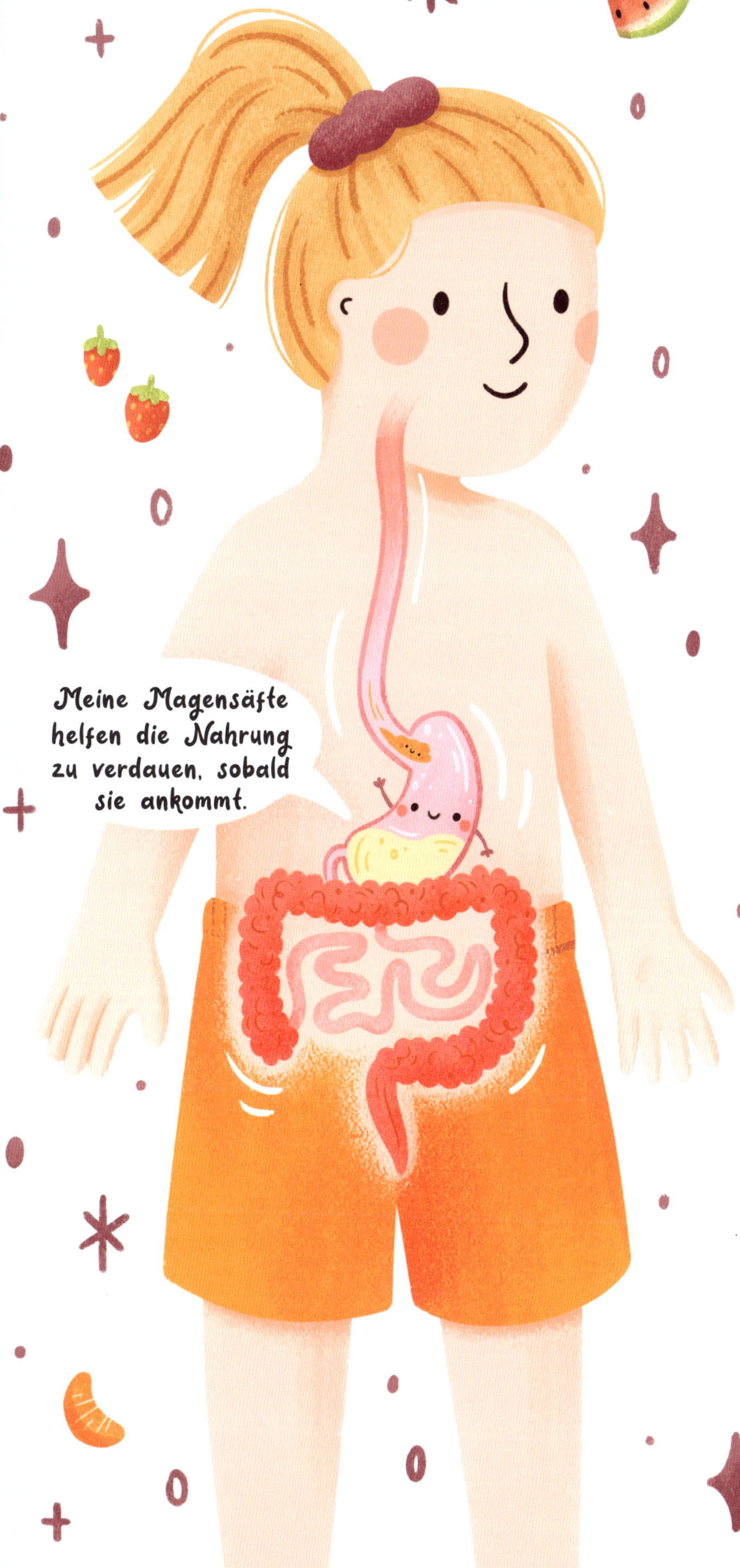

Durch die Speiseröhre hinunter bis in den Magen.

„*Tschüss!*“, ruft der Mund. „*Willkommen*“, begrüßt der Magen den leckeren Speisebrei.

„Egal, ob Nudeln, Gemüse oder Pizza, immer her damit!“

„Hör zu“, sagt der Magen, „ich brauche die Nahrung für dich, sie liefert dir Energie.“

„Nahrung ist mein Freund. Mir gefällt, wenn du von allem ein bisschen was isst.“

„Meine Enzyme geben sich große Mühe, die Nahrung zu zerlegen, damit sie richtig wirken kann.“

„Hallo“, sagt der Darmtrakt, *„weiter geht's, die Nahrung muss in Bewegung bleiben.“*

Der Dünndarm ist superschlau und gar nicht dünn.

Hier wird der Speisebrei ordentlich gedreht, gewendet und weiter in kleine Teile zerlegt und die Nährstoffe werden aufgenommen.

Und wo endet die Reise? Es geht noch um eine letzte Ecke und dann in eine Röhre, die man Dickdarm nennt.

Hier wird dem Nahrungsbrei das Wasser entzogen.

Jetzt hat der Körper alles aufgenommen, was er brauchen kann, der Rest muss nach draußen.

Jeder Bissen, den du isst, egal, was es ist, macht sich auf diese Reise. Eine saubere Sache, oder?

Alles über die VERDAUUNG

Die NAHRUNG ist dein Energielieferant. Jeden Tag macht sie sich auf eine lange Reise durch deinen Körper, damit er die wichtigen Nährstoffe aufnehmen kann. Der Weg durch den Körper heißt VERDAUUNGSSYSTEM.

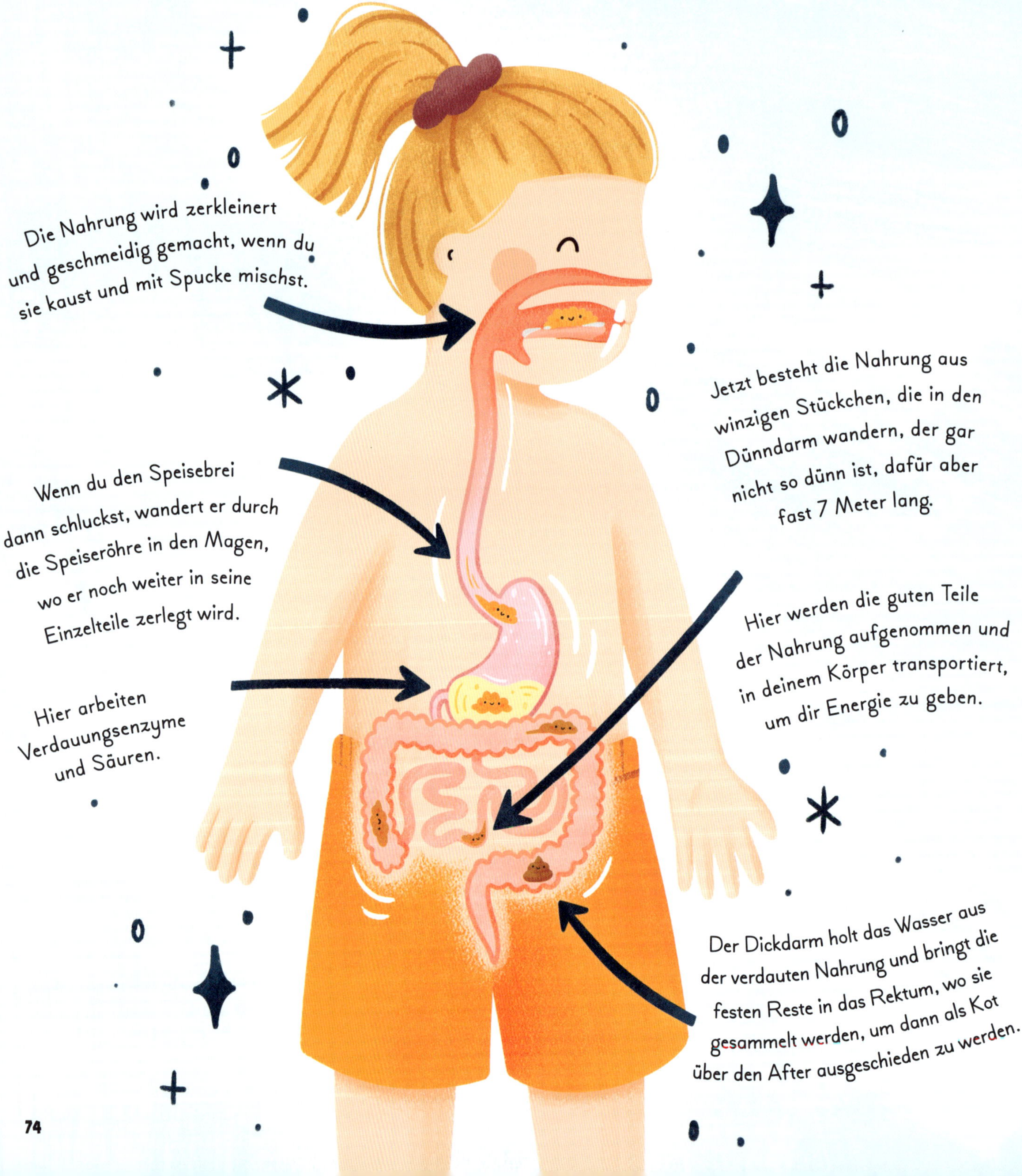

Nach dem Essen sollst du ruhen und die Verdauung kann ihre Arbeit tun. Im Buch geht's aber noch weiter …

Dein Körper braucht KNOCHEN

Dein Körper braucht Knochen und deine Knochen brauchen einen Körper.

Ohne Knochen wäre alles weich und wabblig und du könntest nicht aufrecht stehen.

Knochen sind das Gerüst für den Körper – sie sind hart und stark! Sie schützen deine Organe und können sich erneuern.

Und los! Schüttle deine Knochen zum Skeletto-Rock, denn du bist kein Stock!

Die Knochen sind, bis auf eine Ausnahme, miteinander verbunden, so dass du deinen Körper perfekt bewegen kannst.

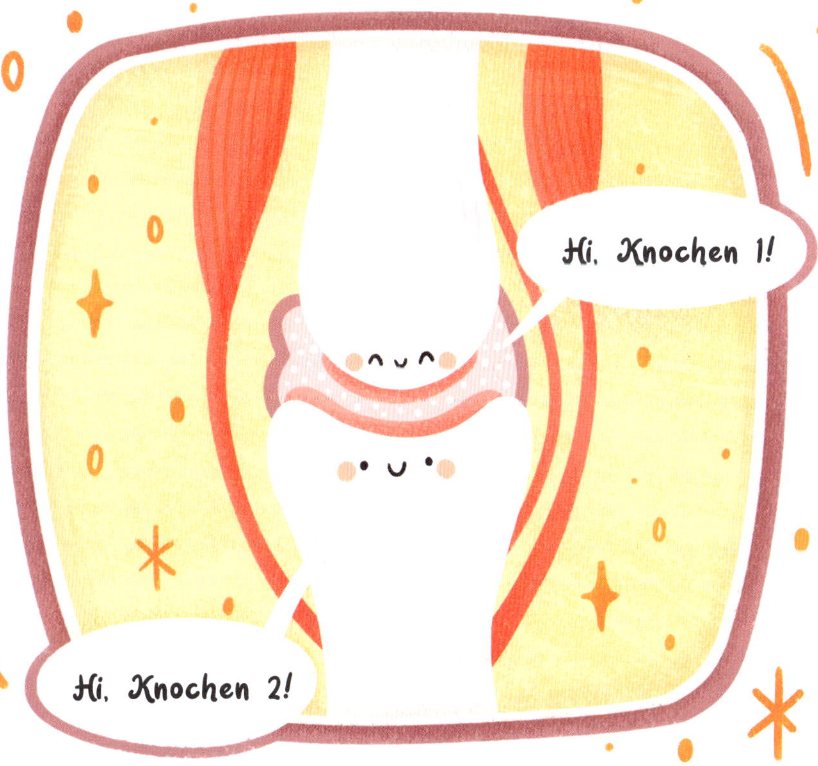

Von Kopf bis Fuß wirst du von deinem Skelett zusammengehalten und geschützt.

„Hallo, ich bin dein Schädel und schütze dein Gehirn wie ein Helm."

Der Schädel besteht aus mindestens 22 einzelnen Knochenteilen, die miteinander zu einem Schutzwall verwachsen sind.

Siehst du, dass der Schädel oben an der Wirbelsäule sitzt? Genial gelöst, oder?

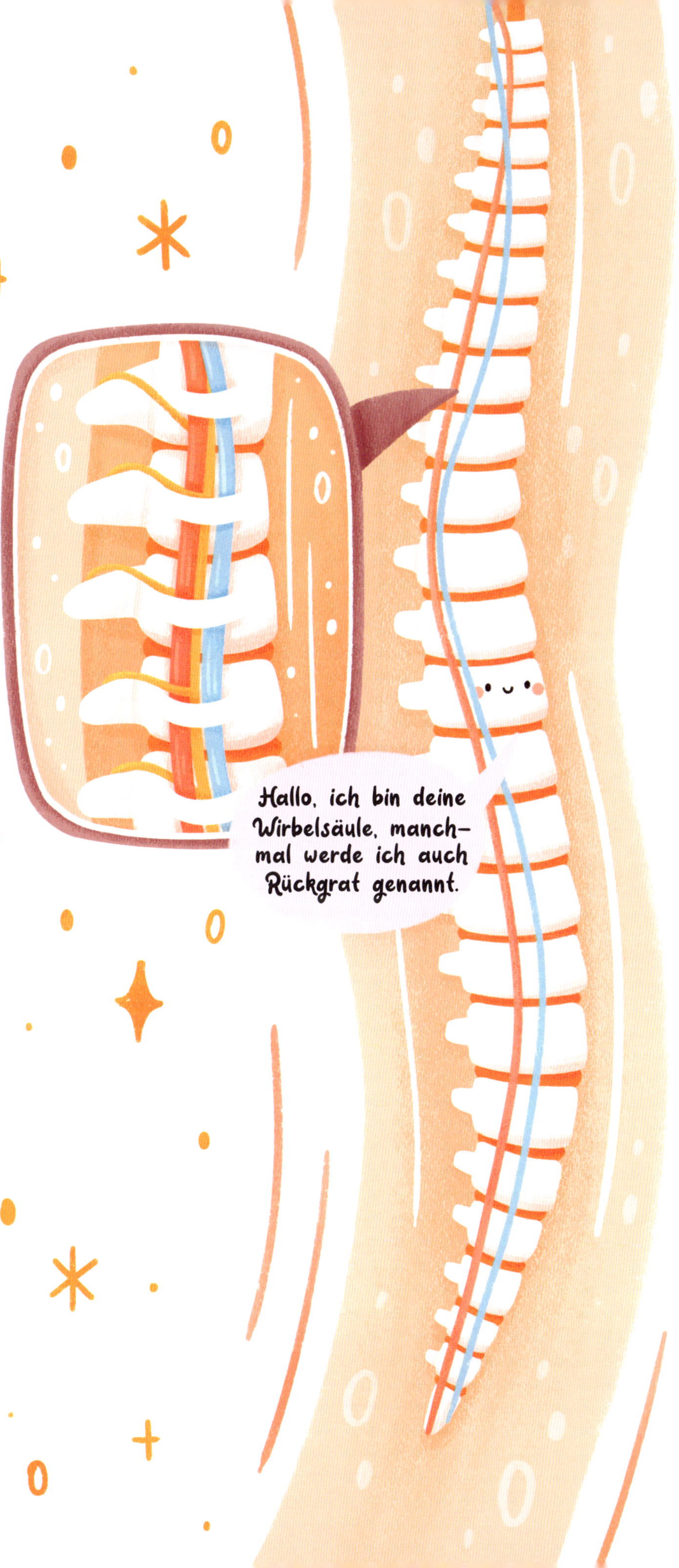

„Ich bin deine Wirbelsäule, meine Knochen sind durch Gelenke miteinander verbunden, das macht den Rücken beweglich."

„Ich schütze die Nerven, die aus deinem Gehirn kommen und durch einen Nervenstrang in die einzelnen Körperregionen gelangen."

Die Wirbelsäule kann sich auf- und abrollen. Sie beginnt am Po und endet am Schädel.

Die Schultern hängen an den Gelenken wie an einem Bügel, die Schulterblätter halten die Arme in Position.

Die Rippen sind mit der Wirbelsäule verbunden, sie bilden einen Käfig, in dem gut geschützt das Herz und die Lunge liegen.

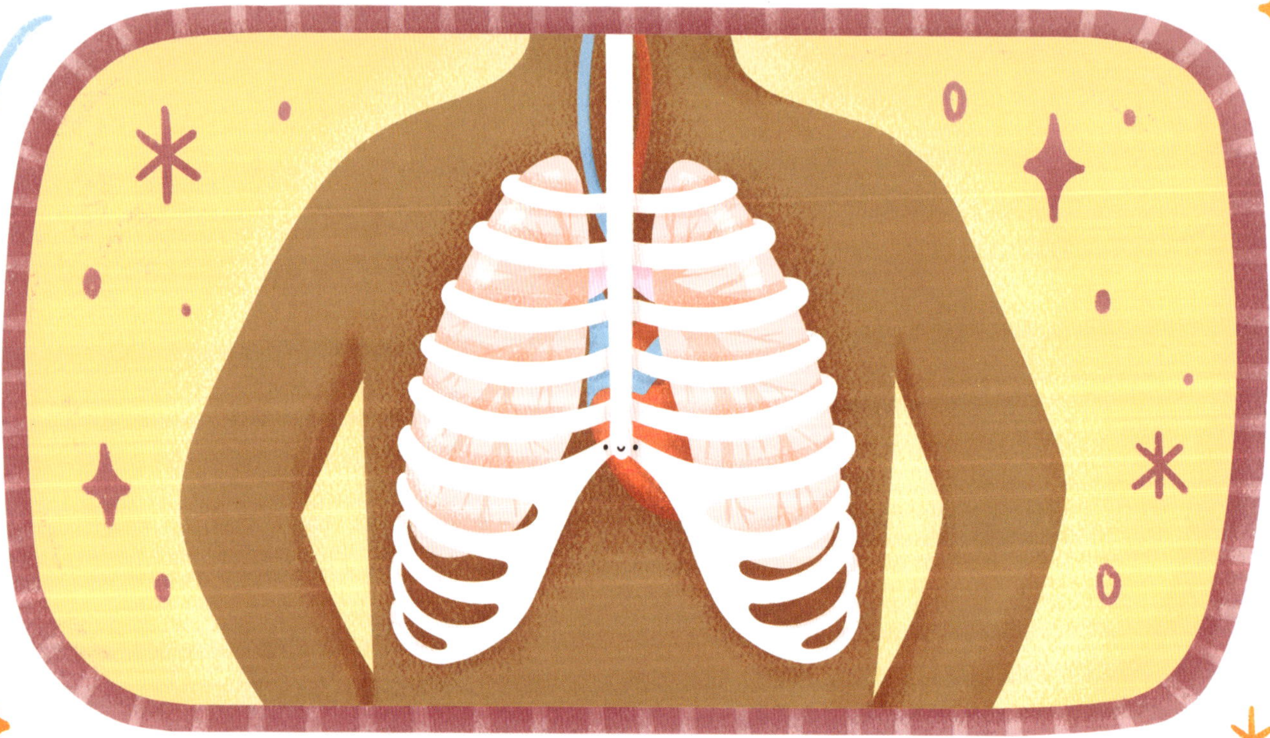

Alle inneren Organe, egal, wo sie liegen, sind durch die Knochen geschützt.

Am unteren Ende der Wirbelsäule sitzt das Becken, eine geniale Lösung:

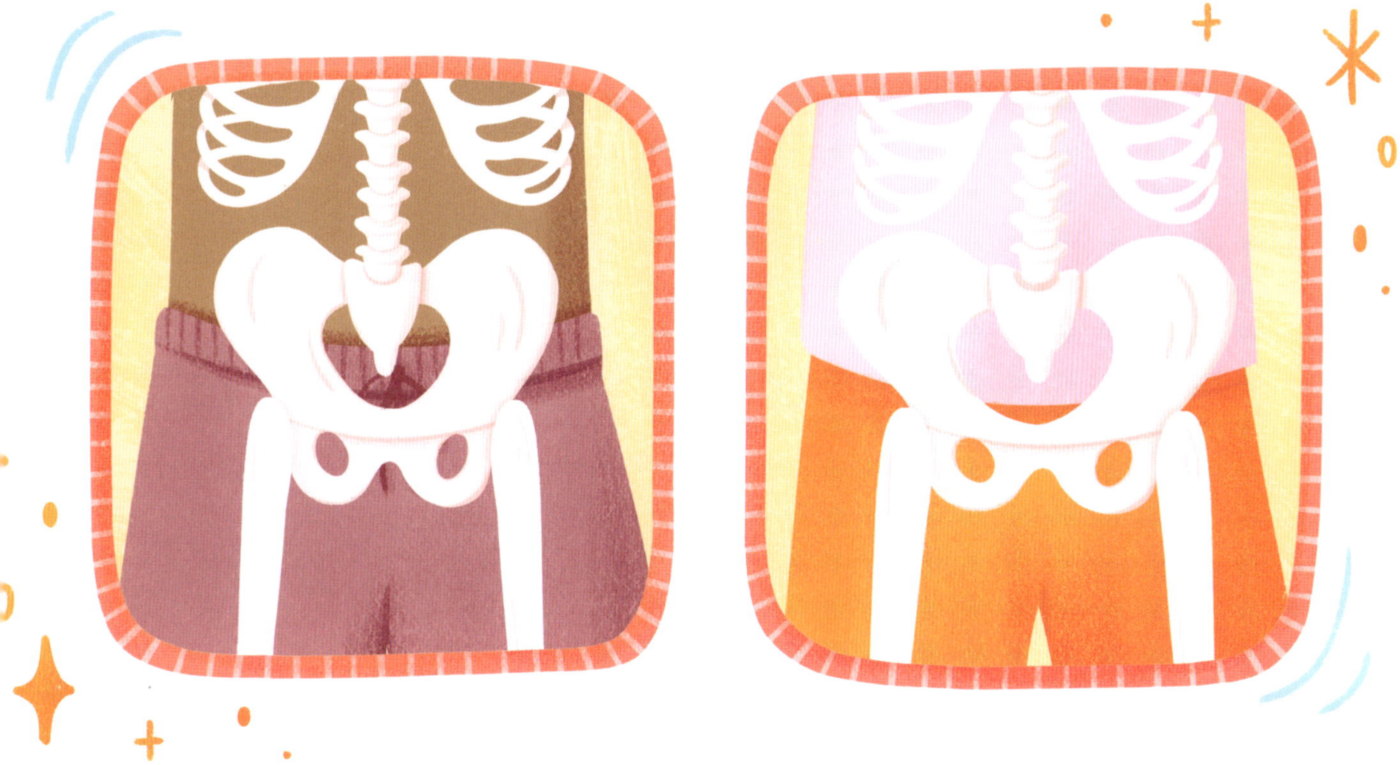

zwei knöcherne Schaufeln, in denen die Verdauungsorgane untergebracht sind und die den Rumpf gerade halten.

„Beim Laufen oder Sitzen halte ich den Rumpf stabil und aufrecht."

Der längste Knochen ist der Oberschenkelknochen, der durch ein Gelenk mit dem Becken verbunden ist.

Auch in den Füßen und den Zehen haben wir Knochen, sogar in der Nase!

Alle Knochen zusammen bilden das Skelett, das dich durchs Leben bewegt.

Alles über KNOCHEN

Das Knochengerüst des Körpers nennt man SKELETT.

Knochen halten deinen Körper aufrecht, sie schützen die wichtigen Organe und Weichteile im Körper. Der Schädel schützt dein Gehirn wie ein Helm aus Knochen. Diese Schaltzentrale ist ganz besonders wichtig!

Im Inneren der meisten Knochen befindet sich ein weiches, schwammiges Material, das Knochenmark. Es ist sehr wichtig, denn es produziert Blutzellen.

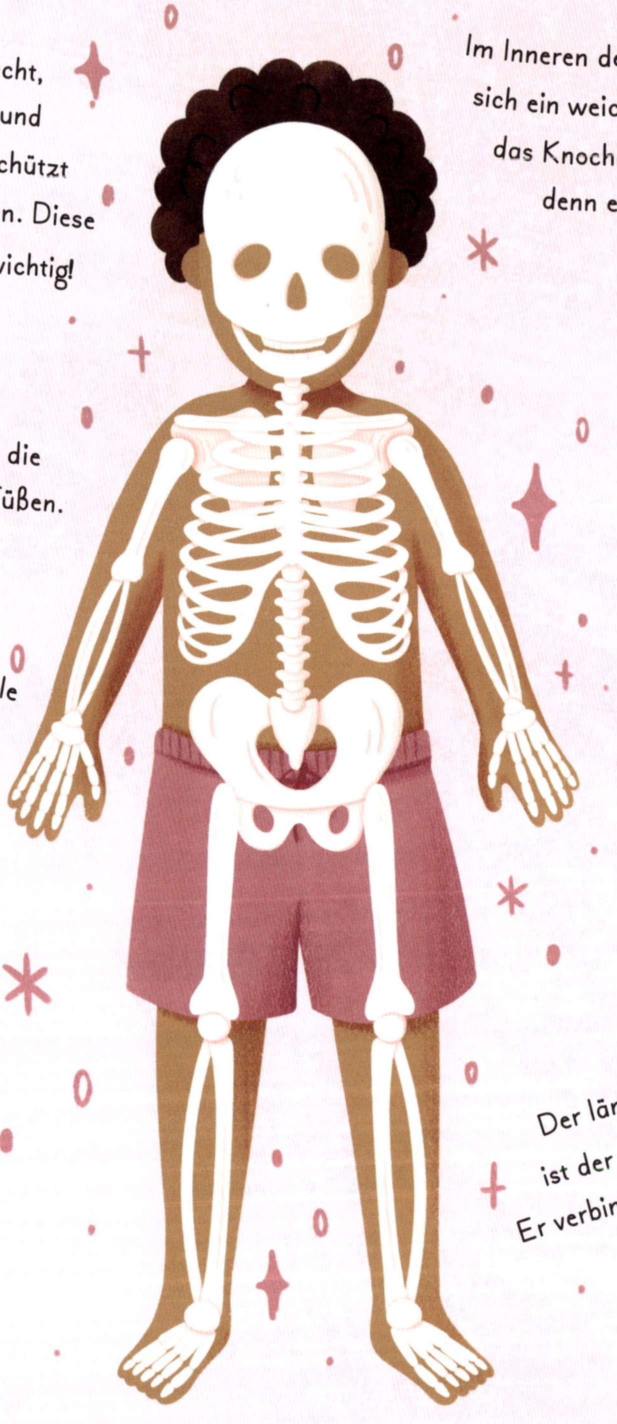

Erwachsene haben 206 Knochen, die Hälfte davon sitzt in Händen und Füßen.

- 52 Knochen in den Füßen
- 54 Knochen in den Händen
- 33 Knochen bilden die Wirbelsäule im Rücken und im Nacken
- 22 Knochen im Schädel

Der längste Knochen im Körper ist der Oberschenkelhalsknochen. Er verbindet den oberen Teil des Beins mit dem Becken.

Knochen lassen sich gut reparieren, wenn sie gebrochen sind. Sie erneuern sich alle 10 Jahre. Stell dir das mal vor, ein rundum erneuertes Skelett!

Alle Knochen in deinem Körper sind verbunden, doch jeder hat eine eigene Funktion.

Ich entdecke ... DIE FÜNF SINNE

Mit unseren Sinnen können wir die Welt erforschen.

Wir riechen, schmecken, sehen, hören und fühlen alles, was uns umgibt.

Berühren, fühlen, schmecken und sehen,

durch unsere Sinne
entdecken wir
das Leben.

Guck mal, deine Nase! Sie erhebt sich wie ein kleiner Berg in deinem Gesicht.

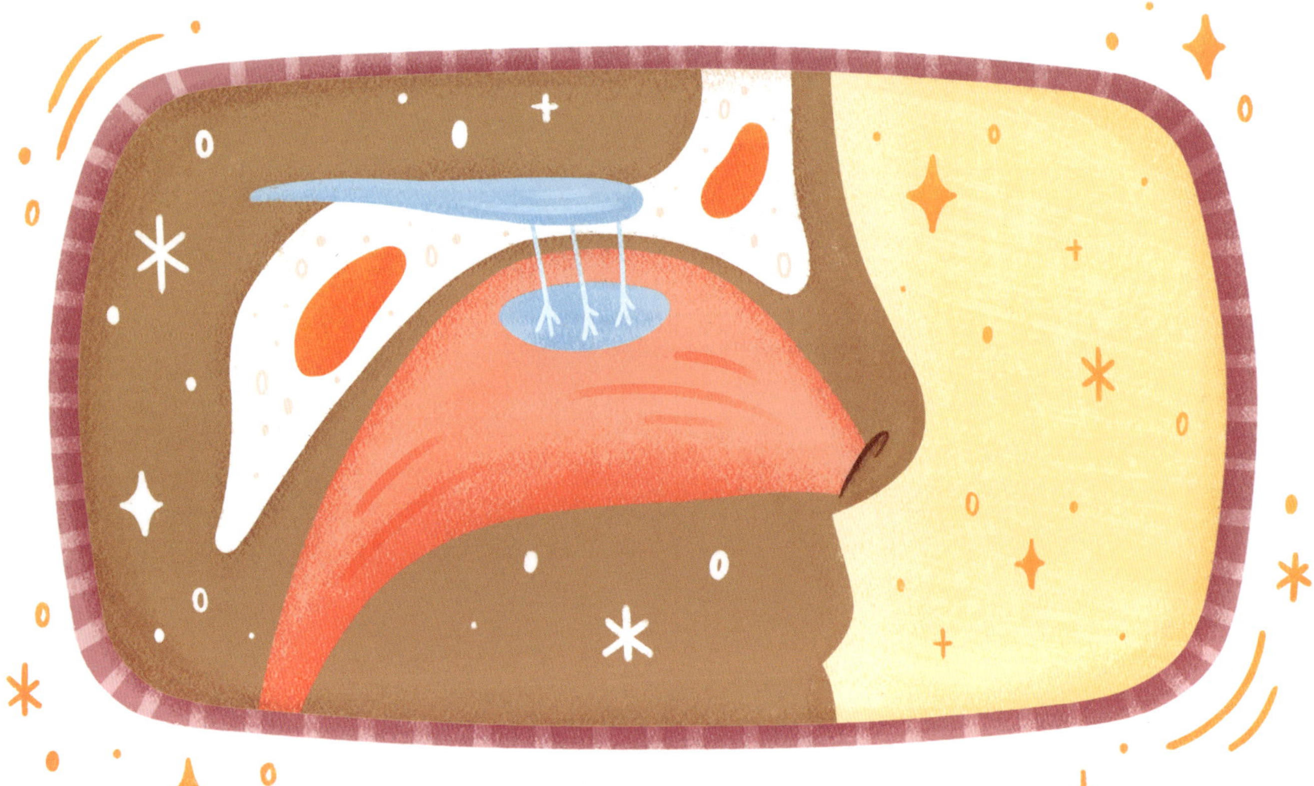

In deinen beiden Nasenlöchern wachsen viele kleine Härchen, die Schadstoffe aus der Atemluft filtern.

Unsere Nase kann unzählige Gerüche erkennen, zum Beispiel Blumen oder Obst.

„Ich bin deine Nase, du brauchst mich zum Riechen und zum Erkennen, wie etwas schmeckt."

Deine Zunge hilft dir beim Sprechen,

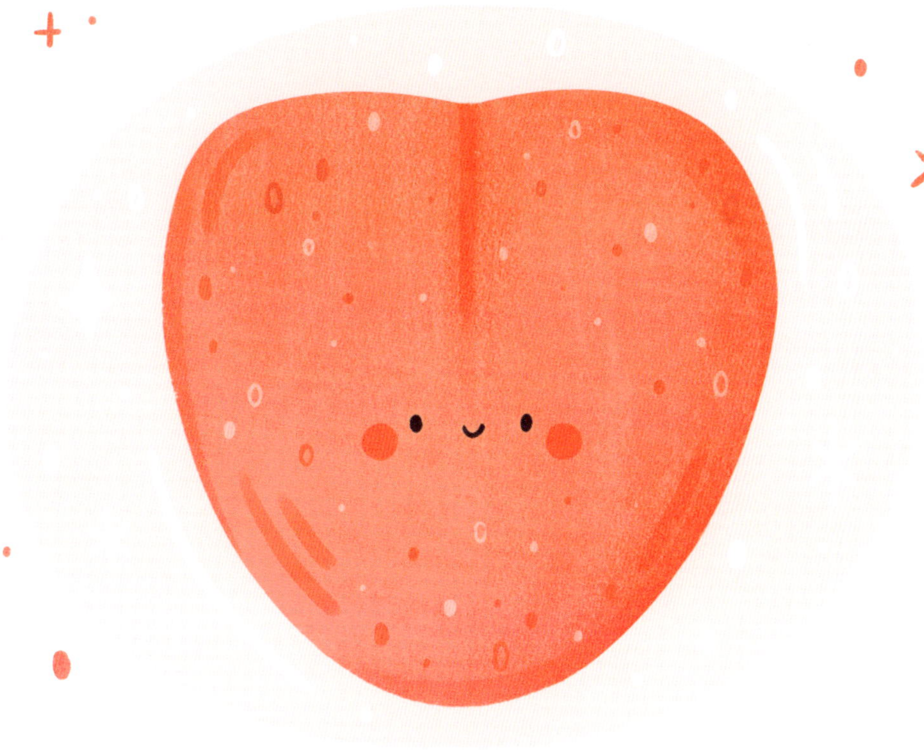

aber auch, eine süße Erdbeere zu schmecken!

„Ich bin Expertin
in Sachen Geschmack“,
sagt die Zunge,
„ich erkenne, ob etwas
süß oder sauer ist.“

Und beim Eislecken
ist die Zunge natürlich
auch sehr hilfreich.

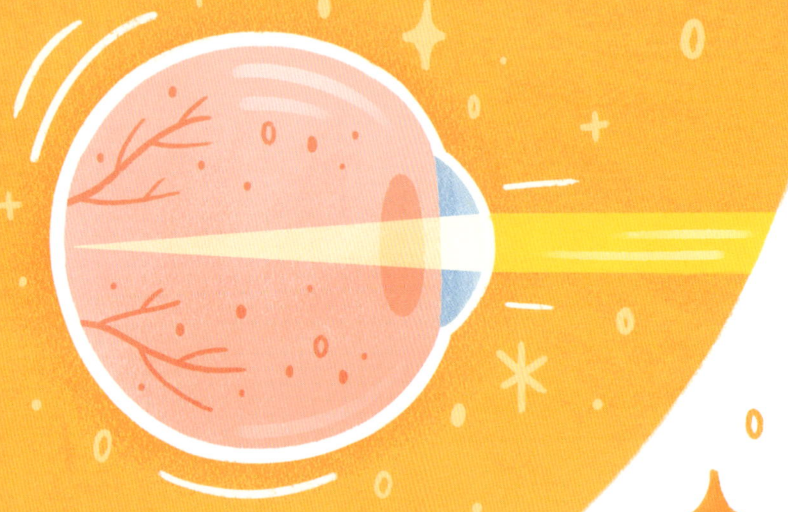

„Wir", sagen die Augen, „sehen die Welt um uns herum, es gibt so viel zu entdecken!"

„Allerdings brauchen wir noch etwas, um alles zu erkennen – Licht."

„Wenn wir uns so umsehen", sagen die Augen, „ist die Welt ein wundervoller Ort zum Leben."

„*Hör zu und pass genau auf*", sagen die Ohren,

„*die Welt ist voller Musik.*"

Das kann der Gesang
der Wale, das
Zwitschern der Vögel,
jedes Flüstern
und Pfeifen sein.

Durch deine Haut kannst
du alles Mögliche spüren,
sie ist sehr empfindlich.

Von rau bis zart,
von heiß bis kalt –
all das nimmst du über
die Haut wahr.
Und noch viel mehr!

*„Umarme mich,
streichle mich,
fass mich an“,*
sagt die Haut,
„ich mag das.“

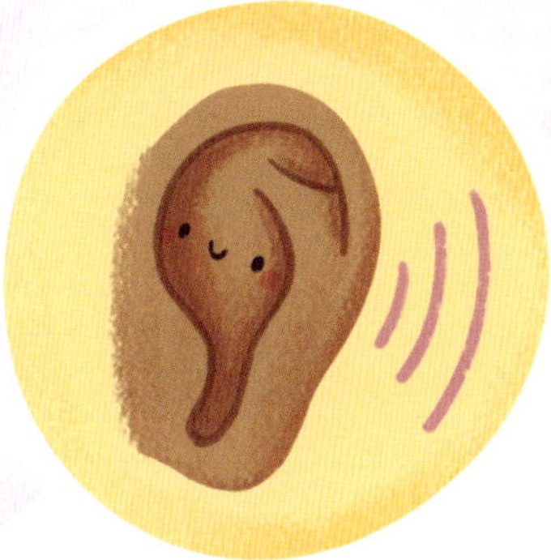

Wenn du deine Umgebung mit den Fingerspitzen berührst, kannst du viel entdecken.

Fühlen, riechen, hören, schmecken und sehen … deine fünf Sinne eröffnen dir die Welt.

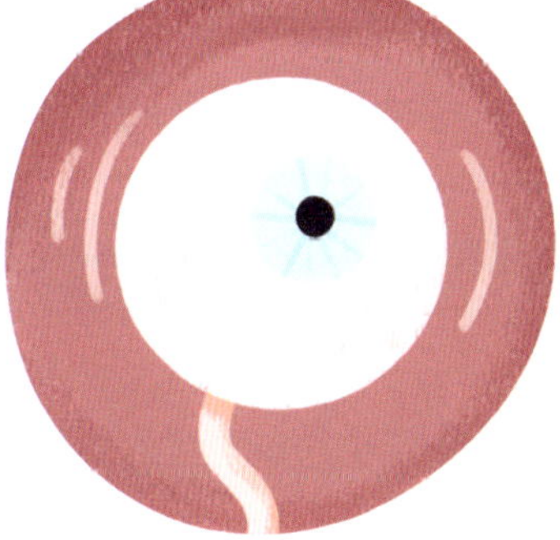

Alles über deine FÜNF SINNE

Durch die SINNE nehmen wir die Welt um uns herum wahr. Sie helfen uns beim Umgang mit unserer Umgebung, machen das Leben bunt und schützen uns vor Gefahren.

Durch die Ohren können wir hören, Musik, andere Geräusche, den Klang der Welt.

Mit den Augen kannst du die Welt sehen, Bilder in einem Museum, Bilderbücher, die Schönheit der Natur …

Mit der Zunge schmecken wir, was wir essen und trinken, und mit ihr beginnt auch der Verdauungsvorgang. Die Zunge kann verschiedene Geschmäcker unterscheiden: süß, sauer, bitter, salzig, scharf und umami.

Mit der Nase kannst du gute und schlechte Gerüche unterscheiden. Dein Geruchssinn hilft dir auch beim Schmecken.

Unsere Haut ist mit Rezeptoren bedeckt. Über sie können wir unsere Umwelt fühlen. Wenn wir zum Beispiel etwas Heißem zu nahe kommen, werden wir durch die Haut gewarnt, dort nicht hinzufassen.

Mit den Fingerspitzen kann man Oberflächen und Temperaturen ertasten und fühlen. Und auch Blindenschrift „lesen“ und die Schönheit eines Gesichts spüren.

Damit wir die Welt in ihrer ganzen Schönheit erleben und Gefahren aus dem Weg gehen können, arbeiten unsere Sinne zusammen.

Wir alle haben einen Körper
und auch wenn sie noch
so verschieden sind:
Jeder für sich ist ein Wunder!

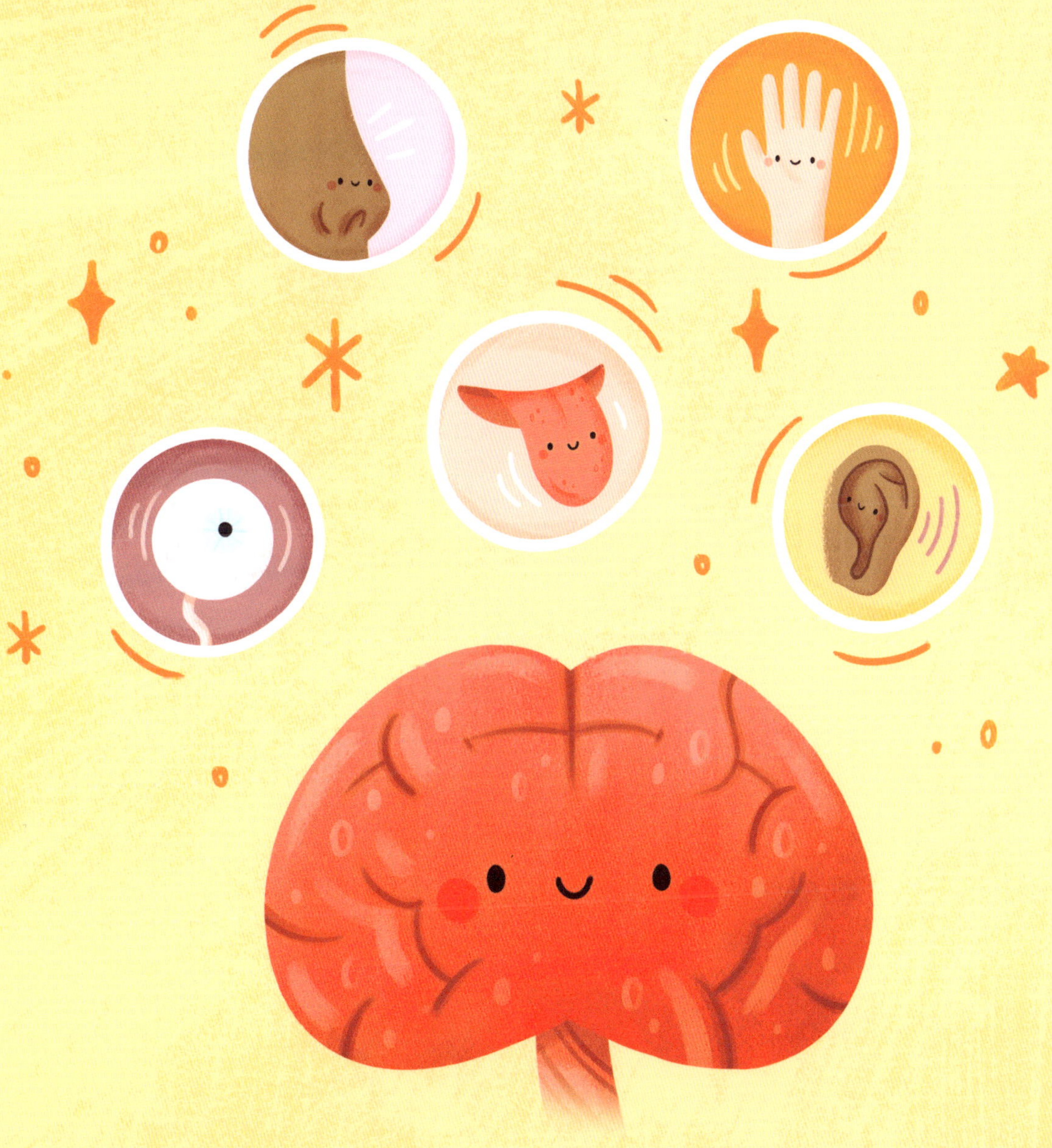

Für Sophie und Rachel, deren Magazin Okido stets eine Inspiration ist. – G. D.

Für meinen Neffen, Leo. – M. P

IMPRESSUM

Bibliografische Information der Deutschen Bibliothek.

Die Deutsche Bibliothek verzeichnet diese Publikation in der Deutschen Nationalbibliografie. Detaillierte bibliografische Daten sind im Internet über http://www.dnb.de/ abrufbar.

Bei Fragen zur Produktsicherheit wenden Sie sich an
Edition Michael Fischer GmbH
Kistlerhofstr. 70
81379 München
kontakt@emf-verlag.de

EIN BUCH DER EDITION MICHAEL FISCHER

3. Auflage 2026

Erstveröffentlicht bei © 2023 Magic Cat Publishing Ltd.,
Unit 2 Empress Works, Grove Passage, London E2 9FQ, UK
Titel der Originalausgabe: 5 Minute Human Body Stories
Text copyright © Gabby Dawnay 2023
Illustration copyright © Mimi Purnell 2023

Aus dem Englischen übertragen von Ingrid Ickler

Cover: Cäcilie Roscher unter Verwendung einer Illustration von Mimi Purnell
Layout: Nicole Price, Sophie Gordon
Satz: Cäcilie Roscher, Silvia Keller
Produktmanagement und Lektorat: Nina Schlager

ISBN 978-3-7459-0952-4

www.emf-verlag.de